Société Chimique

des Usines du Rhône

Anciennement GILLIARD, P. MONNET & CARTIER

SOCIÉTÉ ANONYME AU CAPITAL DE 6.000.000 FRANCS

LYON

LE

Procédé Trillat

POUR LA DÉSINFECTION DES LOCAUX

PAR LES

Vapeurs de Formaldéhyde

ET LES RÉSULTATS

Obtenus par son Emploi dans la Pratique

LYON
A. REY & CIE, IMPRIMEURS-ÉDITEURS
4, RUE GENTIL, 4
1899

LE

Procédé Trillat

POUR LA DÉSINFECTION DES LOCAUX

PAR LES

Vapeurs de Formaldéhyde

ET LES RÉSULTATS

Obtenus par son Emploi dans la Pratique

Société Chimique
des Usines du Rhône
Anciennement GILLIARD. P. MONNET & CARTIER
Société Anonyme au Capital de 6.000.000 Francs
LYON

LE

Procédé Trillat

POUR LA DÉSINFECTION DES LOCAUX

PAR LES

Vapeurs de Formaldéhyde

ET LES RÉSULTATS

Obtenus par son Emploi dans la Pratique

LYON
A. RÈY & Cie, IMPRIMEURS-ÉDITEURS
4, RUE GENTIL, 4
1899

LE PROCÉDÉ TRILLAT

ET

les résultats obtenus par son emploi dans la pratique

1899

De tous les désinfectants utilisés à ce jour, les vapeurs de formaldéhyde méritent certainement la première place. Aucun antiseptique n'a autant provoqué de travaux scientifiques depuis sa découverte, aucun ne possède un tel pouvoir bactéricide.

Il existe un grand nombre d'appareils à désinfection par la formaldéhyde, dits « lampes ». Ces lampes, dont quelques-unes produisent les vapeurs formaldéhydiques par oxydation d'alcool méthylique, d'autres par volatilisation du trioxyméthylène, ne répondent pas aux exigences multiples que présente une désinfection pratique de locaux, appartements, etc. ; elles peuvent tout au plus servir pour la désodorisation ou pour la désinfection de petits espaces, placards. Mais dès qu'il s'agit de la désinfection de locaux de plus grandes dimensions, elles sont insuffisantes, pour la raison qu'elles ne produisent les vapeurs de formaldéhyde qu'en petites quantités et peu à peu; de cette façon, on n'a jamais la concentration suffisante pour agir vigoureusement sur les microbes.

Pour obtenir une désinfection sérieuse et réellement efficace, il faut produire rapidement une grande quantité de vapeurs de formaldéhyde, qui doivent ensuite être chassées avec force dans le local à désinfecter, de façon à augmenter leur force de pénétration dans la mesure du possible.

Le *système Trillat*, ainsi qu'il ressort des travaux cités plus loin, est de tous les procédés celui qui répond le mieux à toutes les conditions requises.

Il produit les vapeurs de formaldéhyde par le chauffage du *formochlorol* dans un autoclave, sous une pression de trois à quatre atmosphères; les vapeurs ainsi obtenues sont projetées avec force dans les locaux à désinfecter.

La faveur marquée avec laquelle le public a accueilli le procédé Trillat nous a engagés à réunir en une seule publication et dans leur langue respective des extraits de rapports, des plus importants qui aient été faits à son sujet.

De la considération générale de ces travaux, nous pouvons tirer les conclusions suivantes :

1° Les vapeurs de formaldéhyde produites par l'*autoclave Trillat.* sont le plus puissant agent antiseptique connu.

2° Des expériences faites par M. le professeur-docteur Spronck, d'Utrecht, qui confirment les dires de M. le professeur G. de Rechter, il résulte que les vapeurs de formaldéhyde, dans la pratique, possèdent non seulement une action bactéricide absolue, mais qu'elles ont aussi un **pouvoir pénétrant très considérable.**

3° Le *procédé Trillat* permet de désinfecter très rapidement, et cela quelles que soient les dimensions du local, sans aucun danger de détérioriation, ni d'intoxication.

4° L'application du *procédé Trillat* est extrêmement simple et sûre, puisque la désinfection est obtenue en faisant fonctionner l'appareil en dehors du local à désinfecter, la communication à l'intérieur ayant lieu par l'orifice d'une serrure, sans aucune dégradation.

La légèreté de l'appareil, la facilité du transport, qui permettent d'aller rapidement opérer sur des points éloignés, font de ce procédé le plus commode de tous ceux connus à ce jour.

NOTE

Sur les résultats obtenus à l'Hospice des Enfants Assistés

dans la

DÉSINFECTION PAR LES VAPEURS DE FORMALDÉHYDE

(Procédé TRILLAT)

Par le Dr H. Meunier

(Juin 1897).

Le procédé de désinfection par les vapeurs de formaldéhyde proc. Trillat) ayant été appliqué récemment à l'hospice des Enfants Assistés, dans le service de M. le professeur Hutinel, j'ai institué une série d'expériences de contrôle afin de me rendre compte des résultats obtenus dans cet établissement à l'aide de cette méthode ; les expériences n'étaient point destinées à juger le procédé lui-même, dont la valeur a été suffisamment établie jusqu'ici grâce aux essais nombreux et variés de différents bactériologistes : elles avaient simplement pour but de m'éclairer sur ce que l'on pouvait obtenir dans la *pratique courante*, alors que les appareils étaient maniés par un employé ordinaire de l'Hospice, instruit et installé de la veille dans ses nouvelles fonctions.

Je ne décrirai point ici le manuel opératoire : je rappellerai seulement que sa simplicité est assez grande pour qu'un ouvrier quelconque ait pu, après avoir assisté à la première opération, diriger seul les suivantes. Je me réserve seulement de signaler plus loin quelques précautions qui m'ont paru indispensables pour éviter certains petits inconvénients plus sensibles dans un service d'enfants que dans tout autre local hospitalier.

Je me bornerai donc à exposer les résultats que m'ont fournis mes expériences au point de vue de la désinfection bactériologique, en opérant dans les salles affectées depuis longtemps au service des contagieux et en choisissant pour mes essais telle ou telle salle indifféremment, tel ou tel jour à l'improviste.

Mes épreuves de stérilisation ont été effectuées au cours de trois séances de désinfection, les 1er, 8 et 24 juin 1897. Les locaux choisis étaient des salles mesurant de 200 à 300 mètres cubes, la quantité de formochlorol employé variant de 1 litre à 1 litre et demi. La durée de l'opération comprenait : 1° le temps nécessaire à la vaporisation (de 25 à 35 min.) ; 2° un temps de contact variable, allant de 10 à 30 minutes.

Dans la pratique quotidienne, ce dernier temps est fixé à 30 minutes : on verra, d'après certaines de mes expériences, que 10 minutes de contact sont déjà suffisantes pour assurer la stérilisation de linges souillés.

Mes essais peuvent être divisés en sept groupes, suivant la nature ou l'exposition des échantillons infectés (bactérifères) soumis à l'épreuve de la désinfection.

Les espèces microbiennes employées, toutes pathogènes, ont été les suivantes (cult. en bouillon, de 24 heures) :

1. Streptocoque de l'érysipèle.
2. Staphylocoque doré (bronchopneumonie).
3. Microcoque des oreillons.
4. Pneumocoque (bronchopneumonie).
5. Colibacille (diarrhée verte).
6. Bacille typhique.
7. Bacille diphtérique.

GROUPE A. — Des *fragments de tarlatane*, préalablement stérilisés, puis *imprégnés de cultures microbiennes variées* (streptocoque, staph. doré, mic. oreillons, pneumocoque, coli et typhique), sont exposés en différents points de la salle, sur les lits, sur les meubles, etc.

Après l'opération (35 minutes de vaporisation, 30 minutes de contact), ils sont recueillis aseptiquement et ensemencés dans des tubes de bouillon.

Tous les tubes sont restés *stériles*, après 24 heures, 2 jours, 4 jours.

N. B. — Pour répondre à l'objection « qu'une certaine quantité de formol pouvait être entraînée par le fragment de tarlatane et introduite dans le bouillon, rendant ainsi la culture impossible », un certain nombre de fragments ont été, avant l'ensemencement, lavés dans de l'eau ammoniacale stérilisée, destinée à neutraliser le formol ; les fragments sont restés également *stérilisés*.

Groupe B. — Des *fragments de tarlatane imprégnés de cultures microbiennes sont placés au centre d'une enveloppe d'ouate* hydrophile de 4 centimètres d'épaisseur, puis exposés à la désinfection.

Les fragments ensemencés restent *stériles*.

Groupe C. — Quelques *gouttes des cultures précédentes* (streptocoque, staph. doré, micr. des oreillons, pneumocoque, coli et typhique) sont versées *dans des verres de montre* placés en divers points de la salle.

Ensemencements *stériles*.

Groupe D. — Dans les pièces constitutives des maillots d'enfants, *couverture de laine, lange de coton, couche de toile*, des fragments sont découpés, stérilisés, puis *imprégnés de cultures microbiennes* (colibacille et diphtérie), enfin suspendus à des fils au milieu de la salle, à 2 mètres au-dessus du sol.

Ces échantillons sont soumis à des temps de contact variables avec les vapeurs de formol.

Trois subissent 30 minutes de vaporisation + 30 minutes de contact.

Deux — — — + 20 — —

Deux — — — + 10 — —

Tous, ensemencés en bouillon, restent *stériles*.

Groupe E. — Des fragments analogues de *laine*, de *coton* et de *toile*, également imprégnés, sont exposés dans des assiettes, *baignant dans un excès de culture*.

Résultat : Ensemencements *stériles*.

Groupe F. — Des *fragments analogues* (laine, coton, toile bactérifères), ainsi que des filaments de tarlatane et des verres de montre contenant quelques gouttes de cultures, sont placés, non plus en l'air ou sur les meubles, mais *sur le sol*, où les vapeurs de formol ont moins de tendance à se répandre, étant plus légères que l'air.

Résultats : Tous ensemencements *stériles*.

Groupe G. — Des pelotons de *poussières*, recueillis sur le haut d'un meuble après l'opération de la désinfection, sont ensemencés tels quels dans du bouillon.

Le milieu de culture reste *stérile*.

En résumé, toutes nos expériences au point de vue de la stérilisation bactériologique des tissus et surfaces, secs ou humides, ont abouti à des résultats *positifs*, absolument comparables à ceux obtenus par MM. Nicolle, Vaillard et Lemoine, Roux, Bosc, etc. Les diverses espèces microbiennes choisies, et en particulier les espèces pathogènes communément rencontrées dans les maladies infectieuses de l'enfance, telles que le bacille diphtérique, le streptocoque, ont été infailliblement tuées par la formolisation : le résultat a été le même, quel que fût le mode d'exposition de l'agent infectieux, qu'il imprégnât des objets mobiliers, des linges, des lainages, le sol, etc.

Qu'il me soit permis maintenant de formuler trois remarques qui m'ont été suggérées par l'opération de la formolisation, telle que je l'ai vu pratiquer à l'Hospice des Enfants Assistés.

I. — Dans le vieux bâtiment de l'Hospice, dont les salles se commandent d'une façon excessive et dont les portes de communication laissent à désirer au point de vue de l'étanchéité, il arrive que les vapeurs de formol diffusent parfois au dehors de la pièce soumise à l'opération et qu'elles peuvent atteindre, en les incommodant, les malades couchés dans les salles contiguës. Dans ces conditions, il a été indispensable (et cette précaution est rigoureusement observée maintenant), de tamponner soigneusement avec de l'ouate et des linges humides, les fentes et les fissures qui entourent les panneaux des portes de communication.

II. — Dans les mêmes salles, dont la ventilation est parfois insuffisante, j'ai observé que l'odeur irritante du formol subsistait jusqu'au lendemain, en dépit de l'ouverture des fenêtres et de l'aération maxima, nous inspirant une certaine hésitation au moment de réintégrer une nouvelle série d'enfants malades, dont les voies respiratoires sont souvent très impressionnables. Cet inconvénient peut être évité facilement ; il suffit pour cela, cinq ou dix heures après la désinfection alors que le local ne renferme plus qu'une très faible quantité de formol, de répandre sur le sol de la pièce ou de pulvériser dans l'air quelques grammes d'ammoniaque dont les vapeurs, très diffusibles aussi, neutralisent rapidement le formol résiduel.

III. — Une troisième observation concerne l'employé chargé de la désinfection. Quoique les vapeurs de formol ne soient point toxiques dans les conditions de l'expérience, elles exercent néanmoins sur les yeux et la muqueuse respiratoire une action très irritante qui pourrait peut-être à la longue devenir nuisible, si l'employé formolisateur, qui opère tous les jours, ne s'astreignait à certaines précautions indispensables. L'usage des lunettes à rebords caoutchoutés et le pincement du nez ne doivent jamais être négligés par lui lorsqu'il pénètre dans la pièce pour en ouvrir les fenêtres. La situation de nos services contagieux, au *rez-de-chaussée*, m'a permis d'introduire dans cette partie de l'opération un perfectionnement bien simple : grâce à un expédient facile à imaginer, deux ou trois fenêtres sont disposées de telle manière qu'on peut les ouvrir du dehors, par simple poussée : ces premières ouvertures laissent s'échapper l'excès de formol, commencent l'aération du local et permettent, quelques minutes après, de pénétrer sans désagréments dans la salle.

Henri Meunier,

Chef de laboratoire à l'Hospice des Enfants-Assistés

INSTITUT DE BACTÉRIOLOGIE (PARC LÉOPOLD, BRUXELLES)

Sur la Valeur bactériologique de la Désinfection

Par l'AUTOCLAVE FORMOGÈNE TRILLAT

Par le Dr **FUNCK**

Agrégé-chef du Laboratoire de bactériologie de l'Université, directeur de l'Institut sérothérapique.

(EXTRAITS)

Expériences bactériologiques pour le contrôle de la désinfection.

Les expériences que nous avons entreprises pour contrôler la désinfection par l'autoclave formogène ont été pratiquées dans différents appartements de dimensions supérieures à 100 mètres cubes, afin de nous mettre dans les conditions normales qu'on rencontre dans la pratique de tous les jours.

Les bactéries employées dans nos expériences étaient cultivées sur agar nutritif ou dans du bouillon.

Des carrés de toile épaisse, mesurant 1 centimètre carré, préalablement stérilisés, étaient infectés au moyen de ces cultures et les échantillons déposés dans des plaques de Petri jusqu'à dessiccation complète. Nous avons procédé de même pour les crachats tuberculeux : ceux-ci étaient étalés en couche épaisse sur la toile et employés soit à l'état frais, soit à l'état sec. Le contrôle de la désinfection s'est fait en lavant une partie des échantillons dans l'eau ammoniacale (quelques gouttes par litre) : d'autres n'étaient pas traités par l'ammoniaque ; nous devons ajouter que cette opération nous semble généralement inutile, à condition que le tube de bouillon dans lequel on pratique la culture d'essai renferme au moins 8 à 10 centimètres cubes de liquide nutritif. En effet, les échantillons lavés n'ont jamais poussé en plus grand nombre que les échantillons cultivés directement, sans lavage préalable.

Les *cultures employées* dans ces expériences présentaient une échelle de résistance graduellement croissante ; le bacille de la fièvre typhoïde et celui de la diphtérie ont été choisis comme espèces peu résistantes ; nous avons pris comme variétés de résistance moyenne les staphylocoques, la tuberculose et le charbon bacillaire. Nous attachons une grande importance à la destruction des échantillons desséchés de staphylocoques. Comme le dit Pfuhl, dans un de ses derniers mémoires, on ne peut se fier à la désinfection par la formaldéhyde que lorsque les staphylocoques dorés desséchés sur des fils de soie sont tués par ces vapeurs : lorsque le *staphylococcus aureus* est détruit, il en est de même de tous les autres microbes pathogènes qui entrent en jeu dans l'infection des appartements, notamment les bacilles de la fièvre typhoïde, de la diphtérie, de la tuberculose, du choléra et enfin les streptocoques.

Comme espèces très résistantes, nous avions à notre disposition le charbon sporulé, le tétanos sporulé et le *subtilis* également sporulé.

I. Le *bacille typhique* employé dans ces essais provenait de la rate d'un malade ayant succombé à une fièvre typhoïde caractéristique. Sa virulence, éprouvée sur une série de cobayes, a donné des résultats satisfaisants.

II. Le *bacille diphtérique* qui a servi dans ces expériences provenait de plusieurs exsudats membraneux soumis à notre analyse : pour augmenter la résistance de l'échantillon, nous avons mélangé six tubes de bouillon renfermant des diphtéries différentes. Les cultures étaient âgées de 24 heures et donnaient à la surface du bouillon les pellicules caractéristiques.

III. Les *staphylocoques* provenaient d'abcès, d'angines pseudo-membraneuses et de suppurations chroniques.

Les cultures étaient faites sur agar et mélangées aseptiquement à de l'eau stérile pour la préparation des échantillons.

IV. Les échantillons de *tuberculose* étaient formés au moyen de crachats renfermant un nombre considérable de bacilles de Koch. Ces crachats furent employés à l'état sec et à l'état humide.

Les inoculations intrapéritonéales des échantillons feront l'objet d'une analyse spéciale.

Résultat de l'expérience n° I. — L'expérience faisant l'objet du tableau n° I a réussi entièrement : au bout d'une heure et quart de contact des vapeurs antiseptiques, tous les microbes répandus dans l'appartement ont été stérilisés. Ceux-ci comprenaient du typhus, du staphylocoque, de la diphtérie, du pyocyanique, du charbon et de la tuberculose.

Les échantillons déposés, au nombre de soixante et un, ont tous été radicalement tués à la suite de la désinfection.

Résultat de l'expérience n° II. — La deuxième expérience, pratiquée sur un cube de 125 mètres cubes, a également réussi.

Tous les microbes pathogènes déposés dans cet appartement ont été tués en une heure de contact.

Tous les cobayes inoculés avec la tuberculose sont restés indemnes et n'ont pas diminué de poids : les crachats tuberculeux ont donc été absolument stérilisés par la désinfection ; par contre, les cobayes servant de témoins, inoculés des mêmes crachats non exposés aux vapeurs de formaldéhyde, ont présenté des lésions tuberculeuses.

Résultat de l'expérience n° III. — La troisième expérience de désinfection a porté sur un cube de 100 mètres cubes.

Au bout d'une heure dix minutes de contact des vapeurs, les échantillons disposés dans la chambre ont été stérilisés, y compris les staphylocoques et le charbon bacillaire.

Résultat de l'expérience n° IV. — La quatrième expérience, pratiquée également dans un local de 100 mètres cubes, est particulièrement intéressante. Elle a démontré que les vapeurs de formaldéhyde détruisaient en une heure les spores résistantes du bacille du tétanos. Deux souris inoculées n'ont présenté aucun symptôme morbide, alors que les animaux témoins succombaient en quarante-huit heures à un tétanos absolument typique.

Résultat de l'expérience n° V. — L'expérience n° V a été pratiquée dans une écurie contaminée, d'un cube de 183 mètres. Le contact des vapeurs aldéhydiques prolongé pendant une heure a détruit les échantillons de microbes pathogènes déposés dans les différentes parties du local. Différents vêtements disposés dans l'écurie et infectés entre la doublure et l'étoffe ont été désinfectés sans difficulté : la diphtérie, les échantillons de divers staphylocoques blancs ou dorés ont été détruits très régulièrement dans cette expérience.

Conclusions. — Il résulte de nos expériences que :

A. — La stérilisation des locaux par les vapeurs d'aldéhyde formique dégagées par l'autoclave formogène Trillat est un procédé de désinfection rigoureux.

Les microbes pathogènes les plus résistants sont tués après un contact prolongé pendant une heure (1 litre de liquide pour 100 mètres cubes).

B. — L'autoclave formogène offre sur les autres méthodes de désinfection à la formaldéhyde les avantages suivants :

1. Destruction régulière des microbes pathogènes résistants ;
2. Rapidité très grande de la désinfection (1 heure) ;
3. Polymérisation des vapeurs absolument empêchée ;
4. Aucun danger d'incendie, l'appareil fonctionnant en dehors des appartements ;
5. Aucune altération des objets soumis à l'action du gaz ;
6. Economie très réelle des produits nécessaires à la désinfection.

CONCLUSIONS DE L'ÉTUDE DE M. LE Dr C. NICOLLE

SUR LA VALEUR DU PROCÉDÉ TRILLAT

(Extrait du Rapport lu à la *Société Normande d'Hygiène pratique*).

En résumé, au point de vue de la stérilisation des germes, l'expérience faite au Laboratoire a été absolument concluante. Aucun des microbes soumis au contact des vapeurs de la formaldéhyde n'a résisté, quelle qu'ait été sa situation dans le local. *La stérilisation s'est montrée complète dès la première prise, c'est-à-dire vingt minutes après l'arrêt de l'autoclave, soit une heure et demie après le début du fonctionnement de celui-ci. Ce point est des plus intéressants, car il démontre la rapidité de ce procédé de désinfection.*

Nous n'avons point cru devoir expérimenter sur le *bacillus subtilis* et sur le *bacillus mesentericus*, microbes extrêmement résistants, non pathogènes, et qui, dans les expériences antérieures, n'ont point été détruits par le procédé de M. Trillat.

Les instruments de chirurgie et les sondes exposés aux vapeurs n'ont subi aucune altération. De même, les étoffes teintes que nous avons soumises à l'expérience n'ont point été modifiées.

Le matin de cette expérience, M. Trillat en a fait une d'importance moindre dans le local de la Société de Médecine. L'autoclave a fonctionné une heure seulement; puis les fenêtres ont été ouvertes et maintenues ainsi jusqu'au soir.

Vous avez pu vous convaincre, en venant écouter la conférence de M. Trillat, qui a eu lieu ce soir même, que l'on ne percevait plus dans la salle aucune vapeur d'aldéhyde formique.

Le lendemain matin, sur ma demande, M. Trillat a bien voulu faire une troisième expérience, celle-là en ville, dans une chambre où il y avait eu un cas de diphtérie. L'autoclave a fonctionné une heure et demie, l'appartement est resté fermé pendant dix heures, puis les fenêtres ont été ouvertes dès le soir. J'ai pu ainsi me convaincre de la facilité d'emploi de son appareil et de l'innocuité absolue pour tout le mobilier d'une chambre des vapeurs d'aldéhyde formique.

Les conclusions à tirer de ces trois expériences sont les suivantes : *la stérilisation des locaux par les vapeurs d'aldéhyde formique produites par l'autoclave formogène de M. Trillat, est un procédé de stérilisation rigoureux puisqu'en dehors de quelques microbes non pathogènes très résistants, du bacille du tétanos et du vibrion septique (dans les expériences de M. Vaillard), il détruit tous les microbes pathogènes. — Il est en tout cas infiniment supérieur aux procédés actuellement employés par les services de désinfection : vapeurs sulfureuses et pulvérisations de sublimé.*

Il a sur eux, de plus, ce grand avantage de ne point nécessiter que les employés du service de désinfection pénètrent dans la pièce à désinfecter, dans la maison elle-même au besoin, puisque l'appareil fonctionne en dehors et que le tube de dégagement seul est engagé par le trou de la serrure.

Ce procédé est extrêmement rapide : il a suffi, dans l'expérience faite à Rouen, d'une heure et demie pour stériliser, d'une façon absolue, un local de plus de deux cents mètres cubes. L'appareil ne fonctionnant point davantage et les portes étant ouvertes au bout de ce temps, il est certain que si la désinfection a été pratiquée dans la matinée on peut coucher le soir même dans la chambre. — Si celle-ci est demeurée fermée pendant plusieurs heures, il suffit d'attendre jusqu'au lendemain.

Enfin, et c'est là un point capital également, le procédé de désinfection de M. Trillat n'altère en rien le mobilier, les tentures et objets divers de la chambre.

Il ne faudrait point penser cependant que l'autoclave formogène soit destiné à remplacer tous les procédés actuellement employés pour la désinfection; il ne remplacera point les étuves à vapeur. Celles-ci, en effet, sont seules capables de stériliser l'intérieur des matelas, des oreillers, des traversins, etc.

Les vapeurs d'aldéhyde formique ne pourront jamais être employées sous une telle pression qu'elles puissent pénétrer jusqu'au centre d'un matelas.

Il serait désirable, comme corollaire de ces expériences et de celles qui ont été faites déjà auparavant, que les services publics de désinfection adoptent ce procédé qui a sur ceux actuellement en usage la supériorité d'une rigueur très grande, d'une facilité et d'une innocuité d'emploi absolues.

La Société normande d'hygiène pratique, en s'emparant de la question, pourrait peut-être beaucoup pour l'adoption de ce procédé de désinfection dans notre ville.

CONCLUSIONS

DES

Expériences de Contrôle de la Désinfection par le Formol

Par MM. **RIETSCH**, professeur, et **A. RAYBAUD**, préparateur
à l'École de Médecine et de Pharmacie de Marseille

Des observations qui précèdent et de celles, très nombreuses, faites par d'autres auteurs, nous croyons pouvoir conclure que *l'aldéhyde formique est un agent de désinfection très précieux pour les appartements et pour la désinfection dite de surface; son efficacité est suffisante pour la plupart des maladies contagieuses habituelles : tuberculose, fièvre typhoïde, diphtérie, choléra, etc.;* nous pensons que l'on arrivera à l'utiliser d'une façon courante. *Elle possède le grand avantage d'agir à l'état gazeux; son emploi dans les appartements sera donc bien plus simple, et causera moins de dérangements que d'autres procédés, celui par exemple de la pulvérisation d'une solution de sublimé.* Cette circonstance est très importante pour faciliter l'adoption de la désinfection par le public.

Une durée d'action de six à huit heures paraît suffisante aussi, à condition d'employer une proportion assez forte de formol (1 litre de la solution de formochlorol à 30 % par 100^{m3}). Toute l'opération, y compris l'aération des locaux après désinfection pourra donc se faire dans une journée et les personnes habitant l'appartement n'auront pas besoin de coucher dehors, détail très important pour aider à introduire la désinfection dans nos mœurs.

D'après toute l'expérience acquise jusqu'à présent sur l'action du formol, il est de toute évidence qu'il faut continuer comme précédemment à soumettre à la désinfection par la vapeur d'eau surchauffée tous les objets qui peuvent supporter cette opération tels que matelas, literie, linge, effets, etc. *Mais, pour la désinfection des appartements, désinfection dite de surface, nous croyons qu'il y aura grand avantage à substituer les vapeurs du formol à la pulvérisation des solutions de sublimé, ou au nettoyage à la mie de pain suivi d'un lavage à l'eau phé-*

niquée; il sera bon cependant de laver le plancher avec une solution désinfectante.

Il serait nécessaire aussi, si ce procédé était définitivement adopté, de le réglementer et de le contrôler. La proportion de formol à employer par mètre cube et la durée d'action du formol devront être fixées dans cette réglementation pour arrêter les entrepreneurs de désinfection dans la tendance qu'ils pourraient avoir à abréger ces opérations pour être agréables au public et pour faire moins de frais.

L'addition de chlorure de calcium à la solution de formol et l'emploi de cette solution par un autoclave sont des dispositions ingénieuses imaginées par M. Trillat pour empêcher la polymérisation de l'aldéhyde formique. Ces dispositions sont évidemment à recommander actuellement.

Dans tous les cas, une désinfection insuffisante, soit à cause d'une proportion trop faible de désinfectant, soit à cause d'une durée d'action trop courte, soit pour tout autre motif, pourrait faire courir au public trop de dangers en lui donnant une sécurité trompeuse. Il nous paraît donc indispensable que l'administration réglemente ces opérations quand elle ne les fait pas elle-même et que toujours elle les contrôle.

Les cultures de staphylocoque ou de bacille pyocyanique, par exemple, pourraient être employées comme témoins, ces microbes se manipulant sans danger et jouissant d'une résistance assez grande. Il semblerait facile de dresser le personnel désinfectant aux quelques manipulations devant servir à ce contrôle.

....

CONCLUSIONS

TIRÉES DES

Expériences de Désinfection par les Vapeurs de Formaldéhyde

A LILLE

Par M. **TRILLAT**, expert-chimiste au Tribunal civil de la Seine

---

Les conclusions que l'on peut tirer des expériences faites à Lille sont les suivantes :

1° *Les spores de charbon ont été stérilisées par les vapeurs aldéhydiques* en moins d'une heure d'action, *dans un local de plus de 100 mètres cubes ;*

2° *Un local d'une capacité de 436 mètres cubes a pu être stérilisé en une heure et demie par les vapeurs dégagées par l'autoclave formogène ;*

3° *Dans cette même expérience, les bacilles diphtériques et les bacilles tuberculeux mélangés aux poussières ont pu être anéantis.*

Ces nouveaux résultats sont importants au point de vue pratique : ils démontrent la possibilité de réduire considérablement la durée d'une opération de désinfection d'un immense local : ils permettent à un seul homme, dans une seule journée, de pratiquer plusieurs désinfections avec le même appareil.

Je tiens encore à préciser, en terminant cet article, que la désinfection par les vapeurs de formaldéhyde doit avoir pour but la stérilisation des parties superficielles d'un local.

Dans cette action superficielle, les linges fins et même les étoffes épaisses à mailles lâches, peuvent être stérilisées, mais il faut renoncer à l'idée de stériliser l'intérieur d'un matelas ou d'un coussin ou de tout autre objet analogue. Je ferai connaître dans un travail ultérieur les résultats obtenus dans l'application des vapeurs de formaldéhyde combinée à l'étuvage.

Les expériences de Lille ont été suivies par un grand nombre de notabilités médicales et par plusieurs membres du Conseil d'hygiène de cette ville et de la Commission administrative des Hospices : elles ont été placées sous le contrôle de M. le Dr Calmette, directeur de l'Institut Pasteur, qui a bien voulu se charger de l'observation des cultures et des inoculations.

Le rapport de M. le Dr Calmette à l'administration municipale a conclu à l'adoption du procédé pour la désinfection superficielle des locaux et habitations de la ville de Lille.

INSTITUT PASTEUR
De LILLE

Lille, le 5 mai 1897.

LETTRE DE M. LE Dᴿ CALMETTE

à M. le Secrétaire de la Commission administrative de l'hospice-hôpital d'Hazebrouck.

« MONSIEUR,

« En réponse à votre lettre, j'ai l'honneur de vous faire connaître que les expériences faites récemment à l'hôpital de la Charité, de Lille, ont démontré l'efficacité et l'excellence du système TRILLAT. Grâce à ce procédé, on désinfecte tous les microbes pathogènes, y compris ceux de la tuberculose et du charbon, et on arrive à une complète destruction des spores.

« Je crois donc pouvoir vous recommander l'appareil de M. Trillat.

« Veuillez agréer, Monsieur, l'assurance de ma parfaite considération.

« Dʳ CALMETTE.

Le Procédé Trillat dans la Désinfection des Crins

(*Brosserie Française* du 16 Juin 1898)

CONTRIBUTIONS

à l'étude de la préservation du charbon symptomatique

Dans le nº 9 (1ᵉʳ mai 1897) de la *Brosserie française* nous avons entretenu nos lecteurs des expériences entreprises par MM. CARLO PACHETTI et Cⁱᵉ, de Milan, sur la désinfection des ateliers et locaux de leurs vastes usines à l'aide des vapeurs d'aldéhyde formique : à cette époque, nous nous étions réservés d'informer tous nos amis de tous les faits nouveaux qui pourraient se produire sur cet intéressant sujet qui préoccupe à si juste titre le monde industriel spécial à qui s'adresse notre journal.

Nous sommes heureux de pouvoir, aujourd'hui, faire honneur à notre engagement et de pouvoir communiquer un exposé de deux nouvelles expériences de désinfection de crin animal, au moyen des vapeurs formaldéhydiques ci-dessus mentionnées, faisant suite et complétant celles de l'an dernier.

Cette communication nous est faite directement par les industriels que nous venons de citer et nous ne croyons pouvoir mieux faire qu'en relatant textuellement le mémoire tel qu'ils ont bien voulu nous le communiquer.

Il s'agissait alors principalement de la désinfection des ateliers. Nous avons voulu voir si ces vapeurs, très efficaces pour la stérilisation des surfaces pouvaient acquérir assez de pénétration pour être utilement employées dans notre industrie.

Nous ne reviendrons pas sur la description de l'appareil formogène, autoclave dans lequel on verse la quantité de formochlorol correspondant au cube du local, etc... : nous dirons seulement que la proportion reconnue nécessaire pour obtenir une bonne désinfection en pénétration est d'environ 3 litres de formochlorol par 100 m. cubes.

Le local choisi pour ces expériences est un séchoir de 117 m. cubes, dont les nombreuses bouches d'air et le ventilateur furent soigneusement bouchés.

Les paquets de crin de Russie, préparés suivant le mode habituel employé pour la désinfection à l'étuve — desserrer les liens et les déplacer, désagréger les parties touffues et agglomérées par l'emballage — furent répartis dans le séchoir et à différentes hauteurs, sur des tables à claies servant actuellement au séchage du crin sortant de l'étuve.

L'Institut sérothérapique milanais a fourni les échantillons de charbon sporulé que M. le Dr Ragazzi, médecin de notre établissement, a placés au milieu de chaque paquet, sous les liens. Une fraction a été prélevée sur l'un des échantillons et ensemencée aussitôt afin de vérifier la vitalité des cultures. Les développements se sont produits dès le lendemain.

Les deux expériences (21 mars et 28 avril) ont été faites dans des conditions identiques. La température du local était de 31 degrés centigrades.

Le local fermé, l'appareil chargé de 3 litres de formochlorol fut placé en dehors, devant la porte, le tube de projection pénétrant à l'intérieur par le trou de la serrure.

Au moyen de la lampe Primus, la pression s'éleva à 3 atmosphères en une demi-heure, le robinet fut ouvert et les vapeurs projetées à l'intérieur pendant 50 minutes, sous une pression moyenne de 3 atmosphères un quart.

L'opération arrêtée, on laissa le contact des vapeurs pendant toute la nuit — 16 heures à la première expérience et 12 heures à la seconde. — Le lendemain, quelques minutes après l'ouverture, on put recueillir les paquets et les transporter au laboratoire pour procéder à l'ensemencement, la moitié des échantillons dans le bouillon et l'autre partie dans la gélose, le tout placé dans l'étuve à 37 degrés.

Dans les deux expériences, et après quelques jours, plusieurs tubes présentèrent des développements : ils furent examinés au microscope à l'établissement même, et ensuite contrôlés à l'Institut sérothérapique. Il n'y avait aucune trace charbonneuse ; c'étaient simplement des impuretés de l'air tombées dans les tubes pendant l'ensemencement.

Ces expériences, suivies avec intérêt par plusieurs de nos autorités médicales, ont laissé une excellente impression ; elles prouvent que les vapeurs de formaldéhyde, au fur et à mesure qu'on en augmente la quantité, exercent de plus en plus une sorte de pression qui en facilite la pénétration dans les interstices les plus ténus, où elles se mélangent à l'air qui s'y trouve, en proportion suffisante pour stériliser les germes les plus résistants.

Une condition essentielle est qu'il n'y ait pas déperdition trop sensible de vapeurs pendant la durée du contact avec les objets à stériliser, surtout s'ils nécessitent une grande pénétration.

L'appareil que nous avons employé est l'autoclave de 20 dc., de la Société chimique des Usines du Rhône, de Lyon ; nous avons déjà dit que la partie utile des 3 litres de formochlorol a été vaporisée en 50 minutes ; le résidu en solution neutre, ayant pour but d'empêcher la polymérisation de la formaldéhyde, est resté dans l'autoclave, environ 700 cc. chaque fois.

L'avantage que présente, selon nous, le grand appareil de 20 dc. sur celui de 5 dc. consiste en ce que la production des vapeurs étant plus rapide (3 fois environ), l'action de ces vapeurs, rapidement accumulées, peut s'exercer avant que la déperdition, par insuffisance de fermeture du local, n'en diminue sensiblement les bons effets.

Encouragés par ces expériences et avec l'assentiment du médecin chef de notre service municipal d'hygiène, nous allons adopter ce procédé de désinfection, principalement pour le crin blanc que l'étuve détériore ; nous pensons que cela pourra intéresser les industriels qui ont à lutter contre les dangers si craints que l'on rencontre dans la manipulation du crin animal.

CARLO PACCHETTI ET CIE.

Milan, le 25 mai 1898.

Sur la Désinfection de grands locaux par les Vapeurs de Formaldéhyde

Par M. le Dr **C.-H.-H. SPRONCK**

Professeur à la Faculté de Médecine de l'Université d'Utrecht

(*Nederl. Tydschr. v. Geneeskunde*, 1898, II, N° 27)

(EXTRAITS)

Un certain nombre d'auteurs ayant fait des essais sur la désinfection avec l'*autoclave de Trillat*, n'accordent aux vapeurs de formaldéhyde qu'un pouvoir pénétrant fort limité. Quelques-uns même pensaient que le pouvoir de pénétration de ces vapeurs est incompatible avec les lois de la physique. D'autres, au contraire, ont signalé un pouvoir pénétrant très considérable. Dans les éprouvettes placées sur le mercure et contenant un mélange d'air atmosphérique et de vapeurs de formaldéhyde, M. de Rechter[1], de Bruxelles, constata une absorption évidente par différentes substances. Non seulement des fragments de substance musculaire ou osseuse, d'ivoire, de peau fraîche ou tannée, de graisse, de corne, de gélatine, mais encore le lin, le drap, le coton, la soie, l'ouate, le papier, le liège faisaient monter le mercure.

---

[1] G. de Rechter, Du pouvoir pénétrant de l'aldéhyde formique (*Ann. de l'Inst. Pasteur*, 1898, p. 447).

En présence de résultats si contradictoires, il ne semble pas sans intérêt de publier le résultat de trois expériences de désinfection faites récemment avec l'*autoclave de Trillat* qui m'ont convaincu que le pouvoir pénétrant des vapeurs de formaldéhyde est très considérable. Je tiens à faire remarquer qu'au début de mes expériences je me proposais simplement de rechercher, si la méthode de Trillat était utilisable pour désinfecter complètement mon laboratoire, les baraques et certaines salles de l'hôpital d'Utrecht. Comme l'hôpital est pourvu d'appareils de stérilisation à vapeur, je trouvai inutile de rechercher si la literie, linges de corps et matelas, que rien n'empêche de stériliser séparément par la vapeur, pouvaient être désinfectés séparément par la formaldéhyde.

Lorsqu'après deux expériences j'eus constaté que le pouvoir pénétrant était beaucoup plus grand que je ne l'avais cru tout d'abord, je fis un troisième essai pour contrôler de plus près cette propriété.

Le matériel à désinfecter se composait exclusivement de fils de soie d'abord imprégnés de spores du bacille charbonneux, puis séchés. Ces fils étaient d'une longueur de 2 centimètres et avaient un diamètre de 7 millimètres environ. Après stérilisation, on plongeait les fils dans une émulsion de spores charbonneux et on les étalait ensuite sur des plaques de verre pour les sécher à 37 degrés pendant seize à vingt heures. Les spores provenaient d'un bacille retiré récemment d'une pustule maligne d'un ouvrier tanneur infecté à Bussum. Ce bacille était très virulent. Pour la troisième expérience j'employai en outre des spores charbonneux d'un bacille provenant de Paris, qui était également d'une grande virulence. Pour chaque expérience les fils infectés furent préparés quelques jours à l'avance, et la résistance du virus employé fut chaque fois contrôlée par le chauffage (voir les tableaux).

Afin de préciser le pouvoir pénétrant des vapeurs de formaldéhyde, on plaçait quelques fils contaminés au centre d'un morceau de carton (longueur 0,36, largeur 0,25, épaisseur 0,04) en les recouvrant d'un côté d'un ou deux morceaux de toile, carton, soie, etc. Ces morceaux d'étoffe étaient fixés sur les bords du carton par un assez grand nombre de petits clous.

On introduisait également des fils contaminés dans de petits matelas (longueur 0,16, largeur 0,12, épaisseur 0,05) se composant d'un sac de toile (épaisseur d'environ 0,006) rempli de coton, plumes ou algues de mer (varech).

Enfin on plaça le matériel infecté dans de grands pots à onguent en porcelaine, recouverts de 1, 2, 3, 4, etc. couches de papier, toile, flanelle, etc., soigneusement ficelés. Avant de mettre les fils contaminés, on place les cartons et pots à onguents recouverts de matelas, etc., préalablement stérilisés par la vapeur sous pression à 120 degrés, puis séchés.

Tous les objets infectés de la façon que je viens d'indiquer, furent placés dans la ou les chambres à désinfecter soit sur le plancher, soit sur les chaises, tables, lits, etc. On suspendit les petits matelas avec des ficelles à peu près à la même hauteur. Les pots à onguent, recouverts de 1, 2, 3 etc. couches de la même étoffe, furent placés par groupes soit par terre, soit sur une table, etc. L'expérience terminée, on porta les fils dans du bouillon; les tubes placés à l'étuve à 35 degrés furent examinés à des intervalles divers durant vingt à quarante jours.

Première expérience.

9 juin 1898 : Désinfection d'une salle dans la baraque n° 2 de l'hôpital d'Utrecht. Cube total 216.95 ; quatre fenêtres avec jalousies en verre, quatre portes. La température dans cette salle, au moment de commencer la désinfection, est de 23 degrés centigrades.

SPORES du bacille charbonneux A séchés à	FILS DÉPOSÉS	RÉSULTAT de l'action de la formaldéhyde ensemencement dans du bouillon
4 fils de soie.	Sur une plaque de verre à l'air libre (4 échantill^s) Sous une couche de grosse toile (épaisseur environ 0,6 millimètres), clouée sur du carton. Sous une couche de coutil à matelas (épais. env. 0,5 millim.) clouée sur du carton. Sous une couche de couverture de laine (épais. env. 2,5 millim.), clouée sur du carton. Sous une couche de papier à tapisser (épais. env. 0,2 millim.), clouée sur du carton. Sous une couche de toile fine (épais. env. 0,2 millim.), clouée sur du carton. Sous une couche de flanelle (épais. env. 0,6 millim.), clouée sur du carton. Sous une couche develours (épais. env. 0,6 millim.), clouée sur du carton.	Encore stérile après 25 jours.

SPORES du bacille charbonneux A séchés à	FILS DÉPOSÉS	RÉSULTAT de l'action de la formaldéhyde ensemencement dans du bouillon
4 fils de soie.	Sous une couche de soie (épais. env. 2 millim.) clouée sur du carton.	Encore stérile après 25 jours.
	Sous une couche de drap (épais. env. 0,6 millim.), clouée sur du carton.	
	Sous deux couches de grosse toile (épais. env. 0,6 millim.), clouée sur du carton.	
	Sous deux couches de flanelle (épais. env. 0,0 millim.), clouée sur du carton.	
	Dans un petit matelas rempli de bourre de laine.	
	— — plumes.	
	— — algues marines.	
	— — laine.	
	— — crin.	

Contrôle de la résistance des spores charbonneux employés (Bacille A)

SPORES séchés à	CHAUFFAGE	RÉSULTAT de l'ensemencement dans du bouillon
2 fils de soie.	Pendant une 1/2 h. à 70 à 80 dans de l'eau stéril.	après 24 heures.
	— — — —	— —
	Jusqu'à 100 degrés centigrades. —	—
	— — — —	— —
	Cuits pendant 1 minute —	— —
	— — — —	—
	— — 3 minutes —	après 48 heures.
	— — — —	Resté stérile.

Deuxième expérience.

24 juin 1898 : Désinfection d'une grande salle de malades (voir la 1re expérience) ainsi que d'un corridor et cinq petites chambres adjacentes dans la baraque n° 2 de l'hôpital de la ville d'Utrecht. Cube total 336, neuf fenêtres avec jalousies en verre fermant mal, deux portes. Température 17 degrés centigrades.

SPORES du bacille charbonneux A séché à	FILS DÉPOSÉS	RÉSULTAT de l'action de la formaldéhyde ensemencement dans du bouillon
3 fils de soie.	Sous une couche couverture de molleton (épaisseur environ de 2,5 millimètres), clouée sur du carton.	Encore stérile après 20 jours
	Sous une couche couverture de laine (épais. env. 2,5 millim.), clouée sur du carton.	
	Sous une couche couverture de drap (épais. env. 0,6 millim.), clouée sur du carton.	
	Sous une couche couverture de tapis de Bruxelles (épais. env. 6 millim.), clouée sur du carton.	
	Sous une couche couverture de selogt (épais. env. 1,5 millim.), clouée sur du carton.	
	Sous une couche couverture de peau de chamois (épais. env. 1 millim.), clouée sur du carton.	
	Sous une couche couverture de toile fine (épais. env. 0,2 millim.), clouée sur du carton.	
	Sous une couche couverture de toile grosse (épais. env. 0,6 millim.), clouée sur du carton.	
	Sous une couche couverture de coutil à matelas (épais. env. 0.5 millim.), clouée sur du carton.	
	Sous une couche couverture de papier à tapisser (épais. env. 0.2 millim.), clouée sur du carton.	
	Sous une couche couverture de flanelle (épais. env. 0,6 millim.), clouée sur du carton.	
4 fils de soie.	Dans un pot à onguent en porcelaine, recouvert de deux couches de grosse toile (épaiss. env. 0,6 millim.).	
	Dans un pot à onguent en porcelaine, recouvert de deux couches de grosse toile (épais. env. 0,5 millim.).	
	Dans un pot à onguent recouvert de deux couches de papier à filtrer (épais. env. 0,2 millim.).	
	Dans un pot à onguent en porcelaine, recouvert de deux couches de papier à emballage (épais. env. 0,2 millim.).	
	Dans un pot à onguent en porcelaine, recouvert de deux couches de papier à tapisser, (épais. env. 0.2 millim.).	

SPORES du bacille charbonneux A séchés à	FILS DÉPOSÉS	RÉSULTAT de l'action de la formaldéhyde ensemencement dans du bouillon
4 fils de soie.	Sur une plaque de verre glissée au milieu d'un matelas ordinaire rempli de paille.	Encore stérile après 20 jours.
	Sur une plaque de verre placée sous une couverture de laine.	
	Sur une plaque de verre placée sous deux draps en toile.	

Contrôle de la résistance des spores charbonneux employés (Bacille A)

SPORES séchés à	CHAUFFAGE	RÉSULTAT de l'ensemencement dans du bouillon
2 fils de soie.	Pendant 10′ à 80-85° c. dans de l'eau stérilisée.	+ après 24 heures.
	— — — —	+ — —
	Cuits pendant 1 minute —	+ — —
	— — —	+ — —
	— 2 minutes —	+ — 48 —
	— — —	+ — —

Troisième expérience.

2 août 1898 : Désinfection de la salle des cours et de la chambre de l'assistant ainsi que d'un petit corridor séparant ces deux places de l'*Institut pathologique d'Utrecht*. Cube total 403.40 ; quatre grandes et une petite fenêtres, trois portes. Température dans ces locaux, 17°5.

SPORES séchés à		FILS DÉPOSÉS dans des pots à onguent, de porcelaine, recouverts de	RÉSULTATS de l'action de la formaldéhyde ensemencement dans du bouillon
3 fils de soie.	Bacille charbonneux B	2 couches de toile (épais. env. 0.4 millim.	Encore stérile après 30 jours.
		3 — —	
		4 — —	
		5 — —	
		6 — —	
		7 — —	
		8 — —	
		9 — —	
		10 — —	

SPORES séchés à		FILS DÉPOSÉS dans des pots à onguent, de porcelaine, recouverts de	RÉSULTAT de l'action de la formaldéhyde ensemencement dans du bouillon
3 fils de soie.	Bacille charbonneux B	1 couche du papier à emballage (env. 0,2mm épais.)	Encore stérile, après 30 jours.
		2 — —	
		3 — —	
		4 — —	
		5 — —	
		6 — —	+ après 3 jours.
		7 — —	+ — 48 heures.
		8 — —	+ — 48 —
	Bacille charbonneux A	2 de flanelle (épais, env. 0,6 millim.).	après 30 jours
		3 —	
		4 —	
		5 —	
		6 —	
		1 couche de coutil à matelas (épais. env. 0,5 mill.)	
		2 — —	
		3 — —	
		4 — —	
		5 — —	
		6 — —	
		7 — —	+ après 48 heures.
		8 — —	+ — —

Contrôle de la résistance des spores charbonneux employés (Bacille A)

SPORES séchés à	CHAUFFAGE	RÉSULTAT de l'ensemencement dans du bouillon
2 fils de soie.	Pendant 20 min. à 80-82° dans de l'eau stérilisée.	+ après 24 heures.
	— 20 — —	+ — —
	Cuits pendant 1 min. — —	+ — —
	— 1 — —	+ après 48 heures.
	— 4 — —	Resté stérile.

Contrôle de la résistance des spores charbonneux (Bacille B)

SPORES séchés à	CHAUFFAGE	RÉSULTAT de l'ensemencement dans du bouillon
2 fils de soie.	Pendant 20 min. à 80-82° dans de l'eau stérilisée.	+ après 24 heures.
	20 — —	+ — —
	Cuits pendant 1 m. — —	+ après 48 heures.
	— 1 — —	+ — —
	— 2 — —	+ — —
	— 5 — —	Resté stérile.

Les résultats de ces trois expériences nous prouvent d'une façon évidente, non seulement que les vapeurs de formaldéhyde sont un puissant désinfectant, mais encore qu'elles possèdent un pouvoir **pénétrant très considérable.** *Ils confirment donc cette conclusion de M. De Rechter que l'aldéhyde formique gazeuse* **« contrairement à ce qui a été affirmé, possède un pouvoir pénétrant très considérable si l'on sait se placer dans des conditions qui favorisent ce pouvoir pénétrant ».**

De plus, ils fournissent la preuve que ce pouvoir pénétrant ne s'observe **pas seulement** dans des **expériences de laboratoire,** comme certains auteurs l'ont affirmé, **mais aussi dans la pratique, lors de la désinfection de grands locaux.**

Mais on se demandera avec raison, comment se fait-il qu'un certain nombre d'expérimentateurs ont obtenu des résultats tout à fait opposés, n'observant qu'un pouvoir pénétrant sans aucune importance. Pour le moment, il me serait difficile de répondre à cette question. Des facteurs divers paraissent avoir imposé leur influence et de nouvelles expériences semblent nécessaires pour élucider le problème. Observons tout d'abord que, dans chacune de nos expériences, nous avons employé largement 1 litre de formochlorol par 100 mètres cubes et que l'*autoclave de Trillat* fonctionnait constamment sous une pression de 4 atmosphères, de sorte que les vapeurs s'échappaient assez rapidement. Le petit appareil rempli au maximum (3 litres) fonctionna sous cette pression pendant deux heures à deux heures trente minutes.

En second lieu, il faut faire remarquer que, pour les deuxième et troisième expériences, les locaux à désinfecter ayant plus de 300 mètres cubes, de sorte qu'un seul autoclave ne pouvait contenir la quantité de formochlorol nécessaire, deux petits appareils ont fonctionné simultanément, pour que la concentration de la formaldéhyde atteigne son maximum aussi rapidement que possible.

Les portes et fenêtres furent soigneusement fermées, les officines et fentes bouchées avec de l'ouate. M. le Dr Prost, inspecteur de la Société pour désinfection de maisons, etc., à Amsterdam, avait fait procéder à un soigneux calfeutrage. Pendant ce temps aucune odeur n'était perceptible dans les salles avoisinantes ou au-dessus des chambres remplies des vapeurs de formaldéhyde. Il va sans dire que les appareils ne cessaient de fonctionner que lorsque toute la formaldéhyde était chassée des appareils. On continuait le chauffage sous une pression de 4 atmosphères jusqu'à ce que le thermomètre indiquât que la solution de chlorure de chaux restée dans l'autoclave avait une température de 153 degrés centigrades.

Quant au formochlorol employé, celui-ci avait été fourni par la *Société chimique des Usines du Rhône.* Le formochlorol ne doit contenir de l'alcool méthylique qui, par le chauffage dans l'autoclave, forme avec la formaldéhyde la substance inactive méthylal

$$(2\,CH_3\,OH + HCOH = H_2\,C \begin{matrix} OCH_3 \\ OCH_3 \end{matrix} + H_2\,O).$$

Comme le formol du commerce ne contient pas moins de 10 pour 100 d'alcool méthylique, **un formochlorol préparé simplement en additionnant le formol de 20 pour 100 de chlorure de chaux serait impropre à cet effet, comme d'ailleurs les expériences de Pfuhl[1] l'ont démontré.** La température peut également exercer une certaine influence. A une température basse la formaldéhyde se condense. Ainsi que je l'ai indiqué, dans mes expériences, la température s'élevai à 16-23 degrés centigrades.

Si la désinfection se fait de la façon décrite et qu'en outre on désinfecte les literies, linges de corps et matelas par la vapeur, je pense que *pour la désinfection de grands locaux, la méthode de Trillat l'emporte sur* **toutes les autres.** *Non seulement les microbes à l'état végétatif, mais encore des spores résistants sont tués. Aucun objet, aucun recoin n'échappe à l'action du désinfectant qui pénètre par les rideaux, les tapis, les couvertures étalées, les effets d'habillements sans causer la moindre décoloration ou détérioration.* Le danger de transmettre l'infection par celui qui a charge de désinfecter peut être évité en ordonnant à ce dernier de rester en dehors des locaux infectés. Comme la formaldéhyde peu concentrée n'est pas un poison pour l'homme, l'infiltration d'une petite quantité de ces vapeurs par des fentes ou orifices dans les locaux avoisinants n'offrirait aucun danger pour les habitants.

En outre, la formaldéhyde s'évapore rapidement et fait disparaître les mauvaises odeurs. Les frais ne sont pas non plus un obstacle, car la désinfection de Trillat se répand de plus en plus.

---

[1] Untersuchungen über die Verwendbarkeit des Formaldehydgases zur Desinfection grösserer Raeume *Zeitschr. f. Hygiene und Infectionskr.*, 1897, Bd. XXIV, p. 284).

Enfin pour ce qui concerne la désinfection des laboratoires où ont lieu des expériences avec des substances contagieuses, il faut certainement recommander en première ligne la méthode de Trillat, puisqu'ici il faut surtout désinfecter les surfaces et que, dans ces locaux, il se trouve presque sans exception de nombreux objets qu'il serait difficile de désinfecter d'une autre façon.

Pour la désinfection de très grands locaux, l'emploi simultané de deux ou plusieurs petits autoclaves est compliqué et coûteux.

C'est pourquoi de plus grands appareils ont été construits à cet effet.

C.-H.-H. SPRONCK.

(*Zeitschrift für Hygiene und Infectionskrankheiten*, XXIV. Band, II. Heft)

UNTERSUCHUNGEN

über

Die Verwendbarkeit des Formaldehydgases zur Desinfection grösserer Räume

Von Prof. Dr. **E. PFUHL**

Oberstabsarzt in Strassburg i/E.

Versuche mit dem Trillat'schen formogenen Autoclaven.

Am Schlusse meiner ersten Arbeit über die Verwendbarkeit des Formaldehydgases zur Desinfection grösserer Räume[1] habe ich kurz auf die günstigen Resultate hingewiesen, welche französische Autoren mit dem *Trillat*'schen formogenen Autoclaven erzielt haben.

Dieser Apparat hat den Zweck, das Formalin unter einem Druck von 3 bis 4 Atmosphären zu verdampfen.

Er besteht aus einem kupfernen Autoclaven von 5 Liter Inhalt, dessen Form etwas höher ist, als bei den gewöhnlichen Autoclaven. Der Deckel, der mit einem Gummiring gedichtet und mit 6 Klappschrauben verschlossen wird, trägt oben einen Manometer, einen Thermometer und einen Niederschraubhahn, an dem ein sehr dünnes kupfernes Röhrchen von etwa 1^{mm} Durchmesser und etwa 50^{cm} Länge befestigt wird.

Dieser Hahn wird geöffnet, sobald der Druck 3 bis 4 Atmosphären erreicht hat, worauf die Dämpfe mit einem kräftigen Strahl durch das dünne Röhrchen austreten. Dadurch wird es ermöglicht, den Autoclaven vor der Eingangsthür der zu desinficirenden Wohnung aufzustellen und die Dämpfe vermittelst des Röhrchens durch das Schlüsselloch hineinzuleiten. Dies hat den Vorzug, dass man bei der

[1] *Diese Zeitschrift*, Bd. XXII. S. 350.

Inbetriebsetzung des Apparates von den sonst so lästigen Formalindämpfen gar nicht zu leiden hat.

Die Heizung erfolgt mit Petroleum oder Gas. Um das Ueberschäumen zu vermeiden, darf der Apparat nicht mehr als $^3/_4$ voll sein, wozu höchstens $3^1/_2$ Liter nöthig sind. Man nimmt aber zur Füllung des Apparates nicht die einfache 35-bis 40 procent. Formaldehydlösung, sondern versetzt dieselbe erst mit feingepulvertem Calciumchlorid, und zwar mit ungefähr 150^{grm} auf 1 Liter.

Diese Mischung hat *Trillat* Formochlorol genannt. Die Dämpfe sind Formaldehyddämpfe. Wie *Trillat* gefunden hat, erreicht man durch den Zusatz von Chlorcalcium und das Verdampfen unter erhöhtem Druck, dass sich das Formaldehyd nicht polymerisirt, sondern dass wirkliche Formaldehyddämpfe in den zu desinficirenden Raum gelangen. Zu beachten ist, dass das Formalin nicht mehr als 1 Procent Methylalkohol enthält, da dieser mit dem Formaldehyd beim Erhitzen unter Druck das unwirksame Methylal bildet.

Von den Untersuchungen, die mit dem formogenen Autoclaven angestellt sind, seien hier zunächst ausführlicher die von *Bosc*[1] erwähnt. Derselbe fand, dass die mit diesem Apparat erzeugten trockenen Formoldämpfe in 5 Stunden die pathogenen Keime zerstörten, welche an trockenen, fast trockenen oder feuchten Leinwandstückchen hafteten, wenn sie nur den Dämpfen gut ausgesetzt waren. Dabei wurden diese Keime an allen Punkten eines Saales und zweier Nebenräume abgetödtet, obgleich der Gesammtinhalt sehr beträchtlich (737^{cbm}) war, und nur 3 Liter 40 procent. Formalinlösung zur Verwendung kamen. Auch der Staub und die Wände wurden desinficirt.

Von den im Zimmerstaub enthaltenen Keimen blieben nur die Sporen des Heubacillus und des Kartoffelbacillus am Leben, was für die Desinfection in der Praxis von keiner Bedeutung ist.

Alle frei gelegenen Stellen waren gut desinficirt worden. Wo aber die Dämpfe nur schwierig hinzutreten konnten, war das Ergebniss unsicher. So zeigte sich z. B. von zwei Proben, welche in einer Rocktasche steckten, die eine (Staphylokokken) abgetödtet, die andere

---

[1] Bosc, Essai de désinfection par les vapeurs de formaldéhyde au moyen des procédés de M. Trillat (*Annales de l'Institut Pasteur*, 25 mai 1896). Auch abgedruckt in dem Werke von A. Trillat: *La Formaldéhyde et ses applications pour la désinfection des locaux contaminés*, 1896.

(Colibacillen) zum Theil abgestorben, zum Theil nur in der Entwickelung gehemmt. Staphylokokken, die sich unter einem Haufen gebrauchter Wäsche befanden, widerstanden der Einwirkung der Dämpfe ebenso wie Milzbrand und Streptokokken, die in der Mitte einer Matratze untergebracht waren. Dagegen war eine Probe, die zwischen einer zusammengeklappten Matratze lag, abgestorben.

Der Tuberkelbacillus wurde im getrockneten Auswurf vernichtet, desgleichen in einem Auswurf, der mit Sand verrieben und getrocknet war. Auch im frischen Auswurf, der auf Leinwandstückchen bis zur Dicke von 1 bis 1.5^{mm} ausgebreitet war, kam er zur Abtödtung.

Diese Beobachtungen führten *Bosc* zu dem Schluss, dass die Desinfection nur wirksam wäre, wenn Formoldämpfe an alle Punkte der Sachen frei herantreten könnten.

Er empfiehlt deshalb, Anhäufungen von Wäsche und anderen sich deckenden Sachen zu vermeiden Man solle die Wäsche und die Kleider auf Stricken oder auf dem Fussboden ausbreiten, die Taschen der Kleider auskehren und die Füllung der Matratzen herausnehmen und auseinander legen.

Zu ähnlichen Resultaten waren auch *G. Roux* und *Trillat*[1] gekommen.

Auf Grund dieser günstigen Versuchsergebnisse hat das Institut bactériologique de la Société chimique des usines du Rhône zu Lyon es unternommen, den *Trillat*'schen Apparat für die Wohnungsdesinfection nutzbar zu machen und zu diesem Zweck in einer Gebrauchsanweisung[2] das einzuschlagende Verfahren genau beschrieben. Darnach soll man allein mit dem *formogenen Autoclaven eine Wohnung mit sammt ihrer Ausstattung desinficiren können*, wenn man nur vorher alle Undichtigkeiten der Wohnung verschliesst, die mit den Krankheitsstoffen verunreinigte Wäsche auseinander legt, die Matratzen auftrennt und den Inhalt so weit herauszieht, dass die Formoldämpfe überall leicht eindringen können.

Für ein Local von 300^{cbm} solle man den Apparat mit 2 Liter Formochlorol beschicken und die Operation nach 1½ stündiger Verdampfung beendigen. Bei der Beschickung mit dem Maximalquantum von 3½

---

[1] G. Roux et A. Trillat, Essai de désinfection par les vapeurs de formaldéhyde *Annales de l'Institut Pasteur*, t X, p. 283).

[2] Désinfection à domicile par le procédé Trillat, breveté S. G. D. G.

Litern sollen gewöhnlich 2 Stunden Arbeitszeit genügen, doch sei es immer nothwendig, den Betrieb zu unterbrechen, sobald die Temperatur bis auf 135° angelangt sei.

Ist dies Verfahren aber auch wirklich so zuverlässig?

Nach einem neueren französischen Bericht scheint dies doch nicht in so ausgedehntem Maasse der Fall zu sein. *Vaillard* und *Lemoine*[1] haben auf Veranlassung des französischen Kriegsministers das *Trillat*'sche Verfahren ebenfalls geprüft, und sind dabei zu Schlüssen gekommen, nach denen die trockenen Formoldämpfe für die Wohnungs-Desinfection zwar werthvoll, aber nicht allein ausreichend sind.

Während es sehr stark einwirke, wenn es sich um die vegetativen Formen der Mikroben handle, zeige es sich den Sporen meist nicht gewachsen. Doch beziehe sich seine Wirksamkeit nicht nur auf freigelegte Bakterien, sondern auch auf solche, die in einer dünnen Eiweisshülle eingeschlossen seien. Nach *Vaillard* und *Lemoine* muss es als ein Oberflächen-Desinfectionsmittel angesehen werden, das nur auf oberflächliche Verunreinigungen einwirkt, wenn diese den Dämpfen frei ausgesetzt sind. Denn die negativen Resultate, die sie mit Staub, der durchaus nicht in der Tiefe, sondern nahe der Oberfläche sass, ferner mit dem Inhalt der Matratzen erhielten, zeigten, dass schon eine schwache abschliessende Decke genügte, um die Wirkung des Mittels zu verhindern. Auch wurden Verunreinigungen, die in einer Stofffalte sassen, nicht mehr keimfrei gemacht.

Nach den genannten Forschern wäre es deshalb ein Irrthum, zu glauben, dass der Gebrauch des Formol bestimmt sei, die Dampfdesinfection der Wäsche, Kleider und Betten zu ersetzen. Die Annahme dieser Meinung würde zu gefährlichen Rechenfehlern führen. Man dürfe nicht vom Formol mehr verlangen, als es leisten könne. Es würde immer nur ein Oberflächen-Desinfectionsmittel sein und keine Wirkung auf Verunreinigungen haben, die nur wenig tief oder verborgen sässen, oder auf Staub, der in messbarer Tiefe in den Spalten des Parquets oder den Rissen der Wände sich befände.

Nach diesen Einschränkungen bleibe die Wirkung dieses Mittels

1 Vaillard et Lemoine, Sur la désinfection par les vapeurs de formaldehyde (*Annales de l'Institut Pasteur*, 1899, Nr. 9).

nichtsdestoweniger unbestreitbar nützlich für die Zimmerdesinfection, und es erscheine angezeigt, dasselbe an Stelle der Sublimatzerstäubungen[1] anzuwenden, deren Wirksamkeit mehr als zweifelhaft sei.

Aus der neuesten Zeit sind noch die Versuche von Dr. *F. Niemann*[2] in Berlin zu erwähnen, der in einer Wohnung von 125^{cbm} Rauminhalt mit 1/2 Liter Formochlorol, sowie in einer Wohnung von 456^{cbm} mit 2·2 Liter sowohl feuchte Bakterienculturen, als auch solche, die an Seidenfäden angetrocknet waren, selbst Milzbrandsporen abtödten konnte, wenn die Culturen den Dämpfen frei ausgesetzt waren. Bei 20stündiger Einwirkung gelang es ihm sogar Milzbrandsporen, die in Papierkapseln eingeschlossen waren, abzutödten, bei 15stündiger Einwirkung jedoch nicht in allen Fällen.

Auch aus den *Niemann*'schen Versuchen geht hervor, dass das *Trillat*'sche Verfahren sich zur Oberflächendesinfection eignet. Wie tief es wirkt, ist, abgesehen von den Versuchen mit den Papierkapseln, nicht angegeben.

Noch bevor ich das Resultat der Versuche von *Vaillard* und *Lemoine*, sowie von *Niemann* kannte, hatte ich mit Versuchen begonnen, zu denen mir die Société chimique des usines du Rhône in der liebenswürdigsten Weise einen Autoclaven nebst Zubehör, sowie 20 Liter Formochlorol zur Verfügung gestellt hatte.

Da die Ergebnisse dieser Versuche geeignet sind, die vorstehend mitgetheilten Resultate zu ergänzen, so sollen dieselben im Folgenden mitgetheilt werden.

Der Apparat wurde im Hausflur auf einem Stuhl vor der Thür des ersten Zimmers aufgestellt und das dünne Ausströmungsrohr so weit durch das Schlüsselloch hindurchgeführt, dass es 20 bis 30^{cm} in das Zimmer hineinreichte.

---

[1] In Paris werden bei der Wohnungsdesinfection vermittelst eines grossen Flüssigkeitszerstäubers die Zimmerwände, Zimmerdecken und Holzverkleidungen, das Parquet oder die Steinplatten, sowie die Wohnungsausstattung, soweit sie nicht zur Dampfdesinfection nach der Desinfectionsanstalt geschafft ist, mit zerstäubter Sublimatlösung benetzt. Vgl. Martin. Service municipal de désinfection de la ville de Paris (*Annales de Micrographie*, 1896, Nr. 7-8).

[2] Niemann, Zur Desinfection von Wohnräumen mittels Formaldehyd (*Deutsche med. Wochenschrift*, 1896, Nr. 46).

Die Prüfungsgegenstände befanden sich in offenen flachen Glasschalen, die in den Versuchsräumen auf Tischen ihren Platz fanden. Es waren hauptsächlich solche Infectionsstoffe, die bei der Desinfection von Wohn- und Krankenzimmern wirklich in Betracht kommen können, wie Streptokokken, Diphtheriebacillen, Typhusbacillen, Staphylococcus aureus, Milzbrandsporen und tuberculöse Sputa.

Wie bei meinen früheren Versuchen[1] habe ich sowohl frische Agarculturen, als auch Seidenfäden mit angetrockneten Reinculturen als Testobjecte benutzt.

Diese Proben, sowie angetrocknete tuberculöse Sputa wurden entweder in offenen Schalen den Dämpfen frei ausgesetzt, oder mit ausgebreiteten wollenen Decken, Tuchröcken oder leinenen Schürzen zugedeckt.

Ferner wurden Bouillonculturen der oben erwähnten Bakterien und tuberculöse Sputa vermittelst eines Spatels in Leinwand und Tuchstücke eingerieben, um dieselben nach 24 stündigem Trocknen entweder in einer offenen Schale liegend oder frei aufgehängt den Dämpfen auszusetzen.

Am nächsten Morgen wurden zuerst die Thüren und Fenster geöffnet, und dann grosse Schalen mit Ammoniakwasser in die Räume gestellt, um die noch vorhandenen Formaldehyddämpfe unschädlich zu machen. Auf diese Weise wurden innerhalb zwei Stunden die Formaldehyddämpfe, die des Morgens noch reichlich vorhanden waren, so weit beseitigt, dass ich in den desinficirten Raumen ohne besondere Belästigung arbeiten konnte.

Von den Agarculturen wurden dann Proben auf Nahragar gebracht und 1 1/2 bis 2 Monate bei Brüttemperatur gehalten. Das Gleiche geschah mit den Seidenfädchen und mit Proben, die aus der Mitte der imprägnirten Leinwand- oder Tuchstücke herausgeschnitten und zerzupft waren. Tuberculöse Sputa und herausgeschnittene Proben aus den mit Sputum imprägnirten Leinwand- und Tuchstücken wurden auf Meerschweinchen übergeimpft. Dabei soll nicht unerwähnt bleiben, dass stets Controlthiere mit dem betreffendem tuberculösen Sputum vor der Desinfection geimpft wurden, und dass dieselben später sämmtlich an Tuberculose erkrankten.

Bei den ersten 5 Versuchen kam das Formochlorol zur Verwendung.

---

[1] A. a. O.

das mir die Société chimique des Usines du Rhône zur Verfügung gestellt hatte. Dasselbe soll nur Spuren, jedenfalls weniger als 1 Procent Methylalkohol enthalten. Bei den späteren Versuchen benutzte ich das in Strassburg erhältliche Handelsformalin, dem ich 150grm Chlorcalcium pro Liter zusetzte. Dieses Handelsformalin enthielt nach den Untersuchungen des hiesigen Corpsstabsapothekers, Dr. *Schnell*, etwa 35 Proc. Formaldehyd und 10 Proc. Methylalkohol. Für die gewöhnlichen Verwendungsarten ist diese Beimengung ohne Bedeutung. Wird aber derartiges Formaldehyd zur Bereitung von Formochlorol benutzt und im Autoclaven erhitzt, so verbindet sich der Methylalkohol mit der entsprechenden Menge Formaldehyd unter Bildung von Methylal

$$2\ CH_3OH + HCOH = H_2C{}^{OCH_3}_{OCH_3} + H_2O.$$

Nach einer Mittheilung des Institut bactériologique de la Société des Usines du Rhône ist das Methylal aber für die Desinfection werthlos und der Verlust an Formaldehyd sehr bedeutend.

1. Versuch.

Bei diesem und dem folgenden Versuch stellte ich den Apparat im 1. Flur bei *A'* dicht vor der Thür auf, die in das 1. Zimmer führt. Die Thüren zwischen dem 1. und 2. Zimmer und dem 2. Flur standem offen. Es waren somit im Ganzem nur 161cbm Raum zu desinficiren. Der Apparat war mit 1·470 Liter Formochlorol beschickt. Sobald der Druck 3 Atmosphären erreicht hatte, öffnete ich den Ausströmungshahn und hielt den Druck nun noch eine Stunde lang zwischen 3 und 4 Atmosphären. Dann brach ich den Versuch ab. Es waren in dieser Zeit 450ccm Flüssigkeit verdampft worden.

Nach 11 Stunden wurden die Zimmer geöffnet und gelüftet. Auch liess ich in jedem Zimmer zwei grosse Schalen mit Ammoniakwasser aufstellen. Die Temperatur in den Zimmern betrug zu Beginn der Desinfection 18° C., bei der Oeffnung der Zimmer 15° C. In sämmtlichen 3 Räumen waren Seidenfädchen mit angetrockneten Typhusbacillen und Staphylokokken, sowie frische Milzbrand-Agarculturen mit Milzbrandsporen in offenen Schalen aufgestellt. Sämmtliche Bakterien, auch die Milzbrandsporen und die Bakterien des Zimmerstaubes, waren abgestorben. Das Ergebniss war also sehr günstig und bestätigte die Angabe anderer Forscher, dass selbst sehr widerstandsfähige Formen, wie die

Milzbrandsporen von den Formaldehyddämpfen abgetödtet werden können, wenn sie ihnen nur in ganz dünnen Lagen ausgesetzt sind. Die Ausstattung der Zimmer war nicht beschädigt. Eine weisse Maus, die sich in einer offenen Holzkiste im 1. Arbeitszimmer befand, war am Leben geblieben.

2. *Versuch.*

Bei diesem Versuch nahm ich zu den erwähnten 3 Räumen noch das 3. Arbeitszimmer und das Treppenhaus hinzu, das bis in den Bodenraum hinaufragte und 54^{cbm} fasste. Im Ganzen waren 307^{cbm} zu desinficiren. Die Verdampfung dauerte 1 1/2 Stunden. Der Autoclav war mit 2 Litern Formochlorol derselben Herkunft beschickt, von denen 870^{ccm} verdampften. Oeffnung der Räume nach 12 Stunden. Temperatur in den Arbeitsräumen zu Beginn 15° C., zum Schluss 14° C. Die Beschaffenheit und Vertheilung der Proben war folgende :

Im 2. Arbeitszimmer.

Milzbrandsporen an Seidenfäden angetrocknet.
Eiter an Glas angetrocknet.
Eiter an Leinwand angetroknet und frei aufgehängt.
Typhus-Bouilloncultur :
in Leinwand eingerieben, getrocknet und frei aufgehängt.
— — — — in einer Schale liegend,
— Tuch — — und frei aufgehängt.
— — — — in einer Schale liegend.
Staph. aur.-Bouilloncultur :
in Leinwand eingerieben, getrocknet und frei aufgehängt.
— — — — in einer Schale liegend.
Tuberculöses Sputum :
in Leinwand eingerieben, getrocknet und frei aufgehängt.
— — — — in einer Schale liegend.
frisch in einer Schale.

Im 3. Arbeitszimmer.

Typhus-Bouilloncultur :
in Tuch eingerieben, getrocknet und frei aufgehängt,
— Leinwand — — — — —
— — — — in einer Schale liegend.

Staph. aur.-Bouilloncultur :

in Tuch eingerieben, getrocknet in einer Schale liegend.

Tuberculöses Sputum :

in Leinwand eingerieben, getrocknet und frei aufgehängt.

Frische Staph. aur.-Agarcultur in einem verschlossenen Schrank.

Von allen Proben waren nur zwei nicht desinficirt. Diese zwei waren:

1. Staph. aur.-Agarcultur (frisch), in einem Schrank eingeschlossen.

2. Staph. aur.-Bouilloncultur in Tuch eingerieben, getrocknet in der Schale liegend.

Diese beiden Proben waren im 3. Arbeitszimmer aufgestellt gewesen, wo die Dämpfe zuletzt hinkamen. Bei beiden liess sich jedoch wenigstens eine Entwickelungshemmung bemerken.

Was die übrigen Proben anlangt, so fiel mir besonders auf, dass Leinwand- und Tuchstücke, die ich mit Typhus-Bouilloncultur oder tuberculösem Sputum imprägnirt und 24 Stunden lang, wenn auch nicht vollständig, getrocknet hatte, noch mit Erfolg desinficirt worden waren.

3. Versuch.

Dieser Versuch erstreckte sich auf den Arbeitssaal, das 3. Arbeitszimmer und den 2. Flur mit im Ganzen 364^cbm^ Rauminhalt. Der Autoclav erhielt seinen Platz im 1. Flur vor der Thür zum Arbeitssaal bei *A''*. Von der 2 Liter betragenden Füllung wurden in 1 1/2 Stunden 870^ccm^ verdampft. Oeffnung und Lüftung der Zimmer nach 12 Stunden. Die Temperatur hatte zu Beginn und zum Schluss 15° C. betragen.

Die Art und Vertheilung der Proben, sowie ihr Verhalten gegenüber der Einwirkung der Formaldehyddämpfe ergiebt folgende Uebersicht:

Im Arbeitssaal.

Typhusbacillen an Seidenfädchen angetrocknet .	abgetödtet,
Staph. aur. — — — .	—
Typhus-Agarcultur, frisch	—
Staph. aur.-Agarcultur, frisch	—
Milzbrand-Agarcultur mit Sporen, frisch . . .	nur wenige Keime am Leben geblieben,

Tuberculöses Sputum, frisch	abgetödtet.
Tuberculöses Sputum, angetrocknet	—

Im 3. Arbeitszimmer.

Typhusbacillen an Seidenfädchen angetrocknet .	abgetödtet,
Staph. aur. — — — . .	nur in der Entwickelung gehemmt.
Tuberculöses Sputum, angetrocknet	abgetödtet.

Im 2. Flur.

Typhusbacillen an Seidenfädchen angetrocknet .	abgetödtet.
Staph. aur. — — — .	—
Typhus-Agarcultur, frisch	—
Staph aur.-Agarcultur, frisch	—
Milzbrand-Agarcultur mit Sporen, frisch	nur wenig Keime entwickelungsfähig gebl.
Tuberculöses Sputum, frisch	abgetödtet.
Tuberculöses Sputum, angetrocknet	—

Bei diesem Versuch waren die Proben dem Formaldehyd frei zugänglich.

Von sämmtlichen 17 Proben waren nur 3 nicht vollständig abgetödtet, nämlich der angetrocknete Staph. aur. im 3. Arbeitzimmer und die beiden frischen sporenhaltigen Milzbrandculturen.

Wenn dieser Versuch nicht so günstig ausfiel wie der erste, so lag dies wohl daran, dass eine hinter dem Ofen dicht über dem Fussboden gelegene, 180^{qcm} grosse Oeffnung eines Ventilationsschachtes nicht verstopft gewesen war und einem kleinen Theil der Formaldehyddämpfe freien Abzug gewährt hatte.

Ich habe diesen Versuch näher angeführt, um zu zeigen, wie eine unverschlossen gebliebene Ventilationsöffnung das Resultat verschlechtern kann, dann aber auch, um mit dem nächsten Versuch, der in denselben Räumen, jedoch mit anderen Proben angestellt ist, einen Vergleich anstellen zu können.

4. Versuch.

Dieselben Räume wie beim 3. Versuch. Von 2 Litern Formochlorol wurden in 1 1/2 Stunden 680ccm verdampft. Oeffnung und Lüftung der Zimmer nach 15 Stunden. Temperatur zu Beginn 15°, zum Schluss 18°C.

Im Arbeitssaale.

Unter einer wollenen Decke:

Staph. aur.-Agarcultur . .	nur wenige Keime entwickelungsfähig geblieben,
Typhus-Agarcultur . . .	abgestorben,
Staph. aus., angetrocknet .	entwickelungsfähig geblieben,
Typhusbacillen, angetrocknet	— —
Milzbrandsporen angetrocknet	— —

Unter dem Brusttheil eines Uniform-Ueberrockes:

Staph. aur.-Agarcultur . .	nur wenige Keime entwickelungsfähig geblieben,
Staph. aur., angetrocknet. .	entwickelungsfähig geblieben,
Typhusbacillen, angetrocknet	— —
Milzbrandsporen angetrocknet	— —

Unter einer leinenen Krankenwärter-Schürze:

Staph aur., angetrocknet .	entwickelungsfähig geblieben.
Typhusbacillen, angetrocknet	— —
Milzbrandsporen, angetrocknet	— —

Im 3. Arbeitszimmer.

Unter dem Brusttheil eines Uniform-Ueberrockes:

Typhus-Agarcultur . . .	abgetödtet,
Staph. aur., angetrocknet .	entwickelungsfähig geblieben,
Typhusbacillen, angetrocknet	— —
Milzbrandsporen, angetrocknet	— —

Es war somit nur die Typhus-Agarcultur unter der wollenen Decke und unter dem Ueberrock abgetödtet worden. Dagegen war die frische Staph. aur.-Agarcultur nur unvollständig und die angetrockneten Typhusbacillen, Staphylokokken und Milzbrandsporen gar nicht abgetödtet worden Es beweist dies die Richtigkeit der Empfehlung, inficirte Kleider nicht liegend, sondern frei aufgehängt und ausgebreitet, mit ausgekehrten Taschen den Formalindämpfen aussetzen zu lassen. In der Praxis wird dies jedoch sehr schwierig durchzuführen sein.

5. *Versuch.*

Bei diesem Versuch bemühte ich mich festzustellen, ob die Desinfection mit Formaldehydgas selbst bei so grossen Krankensälen angängig ist, wie sie in dem alten Garnisonlazareth zu Strassburg vorkommen. Ich wählte dazu einen der grössten Krankensäle aus, der eine Länge von 23.50^{m}, eine Breite von 9.50^{m} und einen Rauminhalt von 1047^{cbm} besass. Dieser Saal war vor einiger Zeit von den Kranken geräumt worden und enthielt nur 28 eiserne Bettstellen nebst den zugehörigen Krankentischen, grösseren Tischen und Stühlen. Alles, was sonst noch zur Ausstattung eines Krankensaales gehört, war daraus entfernt worden. Es konnte sich also hier nur noch um eine *Oberflächen-Desinfection* handeln. Die Thür, durch deren Schlüsselloch die Formaldehyddämpfe eingeführt wurden, befand sich an der einen Stirnwand des Saales, jedoch nicht in der Mitte derselben, sondern nur 2^{m} von einer Seitenwand entfernt.

Da ich mich durch einen Vorversuch überzeugt hatte, dass die grösste zulässige Füllung mit 3½ Liter Formochlorol noch nicht zur Desinfection ausreichte, benutzte ich den Apparat 2 mal je 2 Stunden hintereinander, indem ich ihn jedes Mal mit 2½ Liter Formochlorol füllte und dann 2 Stunden lang arbeiten liess. Im Ganzen kam auf je 200^{cbm} ungefähr 1 Liter Formochlorol. Verdampft wurden im Ganzen 1840^{ccm}. Die Verdampfungen fanden von 1 bis 3 und von 5 bis 7 Uhr Nachmittags statt.

Die Oeffnung des Saales erfolgte am nächsten Morgen um 7 Uhr. Die Temperatur des ungeheizten Raumes betrug sowohl beim Beginn, als auch beim Schluss des Versuches 10° C. Die Proben lagen in offenen Glasschalen auf 3 Tischen von denen Nr. I und III in der Nähe der Stirnwände, Nr. II in der Mitte des Saales stand.

Auf Tisch Nr. I befanden sich :

1. Staph. aur.-Agarcultur.
2. Typhus-Agarcultur.
3. Staph. aur.-Bouilloncultur in Leinwand eingerieben und getrocknet.

4. Typhus-Bouilloncultur in Leinwand eingerieben und getrocknet.

5. Tuberculöses Sputum in Tuch eingerieben und 24 Stunden getrocknet.

AUF TISCH NR. II :

6. Staph. aur.-Agarcultur.

7. Typhus-Agarcultur.

8. Tuberculöses Sputum in Tuch eingerieben und 24 Stunden getrocknet.

AUF TISCH NR. III :

9. Staph. aur.-Agarcultur.

10. Typhus-Agarcultur.

11. Staph. aur.-Bouilloncultur in Leinwand eingerieben und getrocknet.

12. Typhus-Bouilloncultur in Leinwand eingerieben und getrocknet.

13. Tuberculöses Sputum in Tuch eingerieben und 24 Stunden getrocknet.

Die Prüfung der Proben auf ihre Lebensfähigkeit ergab das sehr günstige Resultat, dass sie durch die Desinfection sämmtlich abgetödtet waren.

Nach dieser Beobachtung erscheint es angängig, einen geräumten Krankensaal, der nur noch die Bettstellen, Tische und Stühle enthält, mit wirksamem Formochlorol zu desinficiren. Die dazu nöthige Arbeit, wie das sorgfältige Schliessen der Fenster, das Verstopfen aller Ritzen und sonstiger Undichtigkeiten mit Watte, sowie die Bedienung des Apparates, nimmt bei einem geübten Arbeiter, je nachdem die Verdampfung ein- oder zweimal vorgenommen werden muss, 3 bis 7 Stunden in Anspruch. Die Kosten des Formochlorols betragen 2 Mk für 100^{cbm} Rauminhalt, sind also ziemlich erheblich.

6. Versuch.

Dieselben Räume wie beim 2. Versuch. Gesammtinhalt 307^{cbm}. Beginn der Dampfentwickelung um 11 Uhr 10 Min. Der Druck wird mit geringen Schwankungen auf 3 Atmosphären gehalten. Dauer der Dampfentwickelung 1½ Stunden. Der Autoclav war mit 1650^{ccm} Formochlorol gefüllt, welches ich mir selbst aus einer Sorte *Handelsformalin*[1] durch Zusatz von Chlorcalcium bereitet hatte. Verdampft wurden 740ccm. Oeffnung der Zimmer nach 19 Stunden. Temperatur zu Beginn 21° C., zum Schluss 12° C.

Art, Vertheilung und Beeinflussung der Infectionsstoffe:

Im 2. Zimmer.

Unter einer ausgebreiteten wollenen Decke:

Frische Diphterie-Agarcultur	abgetödtet,
— Typhus-Agarcultur.	entwickelungsf. gebl.,
— Staph. aur.-Agarcultur	nur in der Entwickelung gehemmt.
An Seidenfädchen angetrocknete Diphtheriebacillen	abgetödtet,
— — Typhusbacillen .	entwickelungsf. gebl.,
— — Staphylokokken .	— —
— — Milzbrandsporen .	— —

Unter einer ausgebreiteten leinenen Wärterschürze:

Frische Typhus-Agarcultur	abgetödtet.
— Staph. aur.-Agarcultur.	—
An Seidenfädchen angetrocknete Diphtheriebacillen	nur in der Entwickelung gehemmt,
— — Typhusbacillen .	entwickelungsf. gebl.,
— — Staphylokokken .	— —
— — Milzbrandsporen .	— —

Mitten unter einer hölzernen Kiste von 40cm Länge und 28cm Breite:

An Seidenfädchen angetrocknete Diphtheriebacillen	nur in der Entwickelung gehemmt,
— — Typhusbacillen .	desgl.,
— — Milzbrandsporen .	entwickelungsf. gebl.,
— — Staphylokokken .	— —

Unter einem Tischfuss:

An Seidenfädchen angetrocknete Diphtheriebacillen	nur in der Entwickelung gehemmt,
— — Typhusbacillen .	entwickelungsf. gebl.,
— — Milzbrandsporen .	— —

[1] Dieses Formalin war von einer hiesigen Grosshandlung bezogen.

Frei in einer offenen Schale liegend :

An Seidenfädchen	angetrocknete	Diphtheriebacillen	nur in der Entwickelung gehemmt,
—	—	Typhusbacillen .	desgl.,
—	—	Milzbrandsporen .	entwickelungsf. gebl.,
—	—	Staphylokokken .	— —

Dieses Ergebniss war ausserordentlich schlecht. Namentlich war es auffallend, dass nicht einmal die angetrockneten Bakterien, die in sehr dünner Schicht den Dämpfen frei ausgesetzt waren, ihre Vernichtung gefunden hatten, obgleich dies nach den vorhergehenden Versuchen zu erwarten war. Es lässt sich dies nur dadurch erklären, dass das beim 6. Versuch benutzte Formalin nicht so wirksam war, als das bei den ersten 5 Versuchen zur Verwendung gekommene Präparat.

Da nun in dem von mir benutzten Handelsformalin neben 35 Procent Formaldehyd 10 Procent Methylalkohol enthalten waren, und dieses letztere im Autoclaven mit Formaldehyd das unwirksame Methylal bildete, so fragte es sich, ob ich bessere Ergebnisse erzielen könnte, wenn ich grössere Mengen Formalin verdampfte, als beim letzten Versuch.

7. Versuch.

Dieselben Räume wie beim 6. Versuche. Nur war der Autoclav mit 3 Litern Formochlorol gefüllt, die ich durch Mischung von 2.8 Liter Formalin mit 420 grm feingepulvertem Chlorcalcium erhalten hatte. Der Autoclav wurde $1^1/_2$ Stunden lang zwischen 3 und 4 Atmosphären gehalten, wobei 1430 ccm zur Verdampfung kamen. Temperatur beim Beginn 14° C., am anderen Morgen 7.5° C.

Es waren die gleichen Proben wie beim vorigen Versuch den Dämpfen ausgesetzt worden. Aber trotz der viel stärkeren Entwickelung von Formaldehyd war das Resultat ebenso ungünstig wie vorher. Der Gehalt an Methylalkohol kann dies meiner Meinung nach nicht allein bewirken, da der hierdurch bedingte Verlust an Formaldehyd bei diesem letzten Versuch gar nicht mehr in Betracht kommen konnte.

Ein tuberculöses Meerschweinchen, das sich während des Versuches im 3. Flur befand, war am Leben geblieben.

SCHLUSSFOLGERUNGEN

Das Trillat'sche Verfahren ist bei Verwendung von wirksamem Formochlorol zur Oberflächen-Desinfection geeignet, wie z. B. zur Desinfection der Wände, Decken und Fussböden von Krankenzimmern, sowie der darin enthaltenen Bettstellen, Tische und Stühle. Von den **beiden von mir geprüften Sorten von Formochlorol erwies sich nur eine als wirksam.**

Man darf sich auf eine bestimmte Sorte Formalin nur verlassen, wenn bei der Zimmerdesinfection Staph. aur., an Seidenfädchen angetrocknet, von den Formaldehyddämpfen abgetödtet wird. Denn wenn Staph. aur. vernichtet wird, geschieht dies auch mit den anderen Infectionskeimen, die für gewöhnlich noch bei der Wohnungsdesinfection in Betracht kommen können, nämlich Typhusbacillen, Tuberkelbacillen, Diphtheriebacillen, Cholerabacillen und Streptokokken.

Zur Desinfection von Kleidern, Betten, Matratzen und wollenen Decken ist nicht das Formaldehyd, sondern die Desinfection mit heissem Wasserdampfe in bewährten Apparaten zu empfehlen.

AUSZUG

AUS DER ARBEIT

Zur Desinfection von Wohnräumen mittels Formaldehyd

Von Dr **F. NIEMANN**, in Berlin

Deutsche Medicinische Wochenschrift, nº 46,
12 November 1896, P. 747-48.

Da der *Trillat*'sche Formochlorolapparat speciell zur Desinfection grosser Räume bestimmt ist, so habe ich auch nur Versuche in grösseren Lokalen vorgenommen.

Bei den drei ersten Versuchen benutzte ich eine Wohnung, die aus einem zweifenstrigen Vorderzimmer, einem einfenstrigen Hinterzimmer, Küche, Closet und Corridor besteht, der Gesammtrauminhalt dieser Räume beträgt 125 cbm. Der Apparat wurde in einem Nebenraum des zweifenstrigen Vorderzimmers aufgestellt und das Ausführungsrohr durch ein Schlüsselloch in dasselbe hineingeführt, Fenster und Corridorthür der Wohnung waren geschlossen, doch standen die Thüren innerhalb der Wohnung offen.

Versuch I. Dauer 15 Stunden. Temperatur bei Beginn 16.5° C., bei Schluss 16.9° C. 500 ccm Formochlorol wurden zur Desinfection verwendet.

Testobjecte: Je zehn Seidenfäden mit angetrockneten Milzbrandsporen, Typhusbacillen, Diphtheriebacillen und Staphylococcus aureus. Diese Prüfungsgegenstände wurden in den verschiedenen Räumen vertheilt. Nach 15 Stunden ist in allen Räumen ein starker Formaldehydgeruch wahrnehmbar.

Die sämmtlichen Prüfungsobjecte erwiesen sich als steril, nachdem dieselben 25 Tage bei 36,5° C. im Brutschrank gestanden hatten; in einem Agarröhrchen, welches mit einem Typhusseidenfaden beschickt worden war, hatte sich ein Schimmelpilz entwickelt.

Versuch II. Dauer 10 Stunden, Temperatur bei Beginn 16.1° C., bei Schluss 16,3° C. 500 ccm Formochlorol wurden zur Desinfection verbraucht.

Testobjecte: Je zehn Seidenfäden mit angetrockneten Milzbrandsporen, Typhusbacillen, Diphteriebacillen und Staphylococcus aureus. Die Räume sind nach Ablauf der zehn Stunden noch mit Formaldehyddämpfen erfüllt. Die sämmtlichen Seidenfäden, die wie bei Versuch I geprüft wurden, waren steril.

Versuch III. Dauer 7 Stunden, Temperatur bei Beginn 16.5° C, bei Schluss 16,3° C. 500 ccm Formochlorol wurden zur Desinfection verwendet.

Testobjecte: Wie bei Versuch II. Die Wohnung ist nach sieben Stunden noch völlig mit Formaldehyddämpfen angefüllt. Von den Testobjecten wächst nach sechs Tagen ein Seidenfaden mit Milzbrand aus, die übrigen Fäden sind durchweg steril.

Die Versuche IV und V wurden in einer Wohnung von 456 cbm Rauminhalt ausgeführt, die aus drei zweifenstrigen und einem einfenstrigen Vorderzimmer, zwei einfenstrigen Hinterzimmern, zwei Corridoren, Küche und Closet besteht. Die Fenster sind geschlossen, die innerhalb der Wohnung befindlichen Thüren geöffnet. Der Autoclav wurde auf dem Flur aufgestellt und das Auslassrohr durch das Schlüsselloch der Corridorthüre in die Wohnung geleitet. Die Versuchsobjecte wurden auch hier in allen Räumen in verschiedenen Höhen vertheilt.

Versuch IV. Dauer 20 Stunden, Temperatur bei Beginn 16.7° C. bei Schluss 16.2° C. Zur Desinfection wurden 2200 ccm Formochlorol verwendet.

Testobjecte : Je zehn Seidenfäden mit angetrockneten Milzbrandsporen, Diphtherie-und Typhusbacillen, fünf Seidenfäden mit angetrockneten Milzbrandsporen in Papierkapseln, fünf frisch angelegte Agarstrichculturen vom Typhusbacillus. Nach 20 Stunden riecht es in allen Räumen deutlich nach Formaldehyd. Sämmtliche Infectionsstoffe sind steril; Prüfungsart wie bei Versuch I.

Versuch V. Dauer 15 Stunden. Temperatur bei Beginn 17.6° C. bei Schluss 16,1° C. Zur Desinfection wurden 2200 ccm Formochlorol verbraucht.

Testobjecte : Wie bei Versuch IV. Nach 15 Stunden starker Formaldehydgeruch in allen Räumen. Zur Entwickelung gelangen zwei in Papierkapseln befindliche Fäden mit Milzbrandsporen, die übrigen Prüfungsobjecte erwiesen sich als steril.

SCHLUSSFOLGERUNGEN

Diese Versuche stimmen überein mit den günstigen Resultaten, welche Roux und Trillat[1], *Bosc*[2] *und Trillat und Bardet*[3] *mit dem Formochlorolautoclaven erzielten. Von allen bekannten Formaldehyddesinfectionsmethoden ist die von Trillat angegebene zweifellos die beste und sicherste. Von nicht zu unterschätzendem Werthe ist es, dass der Trillat'sche Apparat bei der Desinfection ausserhalb der inficirten Räume steht und, wenn nöthig, frisch gefüllt werden kann, ohne dass man in die Lokale hineingehen muss.*

[1] Essai de désinfection par la vapeur de formaldéhyde (*Annales de l'Institut Pasteur*, mai 1896.)

[2] Ebenda.

[3] *Bulletin de thérapeutique*, mai 1895.

Aus der bacteriologischen Anstalt der Stadt Danzig

Ueber Desinfection von Kleidungsstücken mittels strömenden Formaldehyds

Vorläufige Mittheilung

Von Dr **J. PETRUSCHKY**, Director der bacteriologischen Anstalt
und **G. HINZ**, Assistenten.

Das vorläufige Fehlschlagen der weitgehenden anfänglichen Hoffnung, mittels Formaldehydgases voll eingerichtete Wohnräume ohne weiteres desinficiren zu können, legte den Gedanken nahe, zu prüfen, ob nicht wenigstens für kleinere, aber immerhin wichtige Aufgaben der Desinfection das Formaldehyd zweckmässig verwendet werden könne. Eine der dringendsten und noch nicht befriedigend gelösten Aufgaben bildet die Desinfection solcher Gegenstände, welche durch die Dampfdesinfection beschädigt oder gar vernichtet werden.

Hierher gehören viele Arten von Kleidungsstoffen, Ledersachen, darunter namentlich das so wichtige Pelzwerk; alles Gegenstände, die durch Formalingas gar nicht angegriffen werden.

Die grösste Schwierigkeit musste hierbei darin bestehen, das Formalin in hinreichender Weise zum Eindringen in die Gegenstände, ihre Falten und Taschen etc. zu bringen. Denn die bisherigen Berichte über Formalindesinfection hatten sämmtlich das geringe Penetrationsvermögen des Formalins, sowie die Schwierigkeit, es in sogenannte todte Winkel zu bringen, betont. Es musste nun versucht werden, analog den grundlegenden Versuchen *Koch's* über die Wirkungen *strömenden* Wasserdampfes, durch *strömendes* Formalin jene Schwierigkeit zu beseitigen.

Derartige Versuche wurden von der zur Prüfung der Formalinfrage eingesetzten Danziger Commission bereits vor etwa zwei Jahren mit Hülfe der *Krell*'schen Lampen und des vorhandenen *Budenberg*'schen Desinfectors angestellt, führten aber zu keinem befriedigenden Ergebniss, da die *Krell*'schen Lampen zu diesen Versuchen nicht ganz geeignet waren. Durch eine Explosion wurde sogar der *Budenberg*'sche Apparat nicht unwesentlich beschädigt.

Von den seitdem in die Desinfectionspraxis eingeführten Apparaten schien nun der *Trillat*'sche, der das Formalingas mit einem Druck von drei Atmosphären ausströmen lässt, als der weitaus geeignetste: mit demselben wurden denn auch diese Versuche wieder aufgenommen. Als Behälter wurde nicht der *Budenberg*'sche Desinfector, sondern auf Anregung des Herrn Oberbürgermeister *Delbrück* zunächst ein einfacher Kleiderschrank, den das Lazareth in der Sandgrube lieferte, verwendet. Schon die ersten Ergebnisse übertrafen meine nach den ungünstigen Erfahrungen mit dem *Schering*'schen Desinfector[1] nicht sehr hochgespannten Erwartungen.

Der Schrank wurde zunächst mit alten Operationsmänteln vollgehängt, in deren *Taschen* die Desinfectionsobjecte, noch in Fliesspapier eingeschlagen, untergebracht wurden: ferner wurde in einen der unteren Winkel des Kleiderschrankes ein offenes Schälchen mit Desinfectionsobjecten gestellt. Zu weiteren Versuchen wurden auch wollene Kleider, sowie ein Besen und ein langschäftiger Lederstiefel verwendet.

Die Desinfectionsobjecte bestanden aus Seidenfäden, die mit Milzbrandsporen, und aus Leinwandläppchen, die mit Diphtherieculturen inficirt und alsdann noch mit Blut, respective Blutserum imprägnirt und getrocknet waren. Ferner wurden zur Controlle der Tiefe des Eindringens der Formalinwirkung offene Reagensröhrchen mit schrägen Agarflächen, die theils mit Typhus, theils mit Milzbrandsporen frisch besät waren, hineingestellt. Das Formaldehydgas wurde durch ein kleines Bohrloch in der Hinterwand des Schrankes zugeleitet, während es durch die Undichtigkeiten der Schrankthür wieder nach aussen entweichen konnte. Bei dieser höchst einfachen Versuchsanordnung wurden bisher folgende Ergebnisse erzielt:

Nach einstündiger Einwirkung des Trillat'schen Apparates (wobei der anfängliche Druck von drei Atmosphären auf zwei, respective eine Atmosphäre herunterging) *waren alle in den Taschen untergebrachten, sowie auch die im unteren Winkel des Schrankes aufgestellten Objecte sterilisirt*, was nach halbstündiger Wirkung noch nicht der Fall war. Die zwischen den Borsten des Besens angebrachten Milzbrandfaden

---

1 Vgl. Vortrag auf dem Congress für innere Medicin, Wiesbaden 1898.

zeigten nach einstündiger Formalinwirkung partielles, sehr verzögertes Wachsthum. In den 1.5cm weiten Reagirröhrchen war nach einstündiger Einwirkung die Abtödtung bis zu 13cm Tiefe erfolgt, während die noch tiefer gelegenen Stellen im Brütschrank noch Wachsthum zeigten.

Schloss man an die Wirkung des *Trillat*'schen Apparates eine 24 stündige Nachwirkung der eingedrungenen Gase (im geschlossenen Schrank) an, so wurde die Wirkung dadurch etwas verstärkt, doch ersetzte die 24 stündige Nachwirkung nicht die auch nur halbstündige Mehreinwirkung des *strömenden* Gases.

Die in der Fusspitze des langen Lederstiefels untergebrachten Milzbrandsporen waren auch nach einstündiger Wirkung des strömenden Gases und 24 stündiger Nachwirkung noch nicht abgetödtet. Hier zeigte sich wieder die grosse Wirkung « todter Winkel ».

Immerhin erscheint es mir nach diesen vorläufigen Versuchsergebnissen als zweifellos, dass die Desinfection von *Kleidern* auf diesem Wege mit ziemlicher Leichtigkeit gelingt. Welche Einwirkungszeiten für die verschiedenen Objecte erforderlich sind, wird die Fortsetzung der Versuche ergeben.

Die praktische Bedeutung dieser Versuche ist darum eine erhebliche, weil die Beschädigung von Kleidern durch Dampfdesinfection bisher einen begreiflichen Widerstand der Bevölkerung gegen behördliche Durchführung nothwendiger Desinfectionen und Ersatzansprüche der Betroffenen hervorriefen.

Aus dem Hygienischen Institut der Universität Marburg

Formaldehyd als Desinfectionsmittel

AUSZUG

AUS EINER ARBEIT VORGELEGT VON

OTTO HESS, appr. Arzt, z. Z. Assistenzarzt an der Klinik zu Marburg

29 Juli 1898.

Formaldehyd als Desinfectionsmittel.

Verfasser beschreibt, nach eingehender Besprechung verschiedener Desinfectionsverfahren mittels Formaldehyd, auch das Verfahren

Trillat, mit welchem er 6 Versuche angestellt hat und äussert sich über dasselbe in seinen Schlussfolgerungen wie folgt :

Das kurze Gesammtresultat der 6 mit dem Trillat' schen Autoclaven angestellten Versuche ist :

1. Es ist möglich, durch Verdampfen von 1 Liter 40 o/o igen Formochlorols auf 200^{cbm} Raum unter drei Atmosphären Druck und einer Einwirkungsdauer der Dämpfe von 20 Stunden eine wirksame Oberflächendesinfection zu erzielen.

2. Benutzt man ein Formochlorol von geringerem Prozentgehalt, so sind grössere Mengen, wie 1 Liter auf 200^{cbm}, zur Desinfection notwendig.

3. Der Staub der Luft und der Wände ist leicht, der des Bodens schwierig zu sterilisiren.

4. Wuchsformen der Bacterien werden frei und unter leichter Bedeckung (Schreib-Fliesspapier, leichte Kleidungsstücke) mit Sicherheit abgetödtet; fast ebenso sicher an Fäden angetrocknete Sporen; dagegen sind feuchte Sporen in Kultur sehr schwer zu vernichten.

5. Es macht für die Desinfection keinen Unterschied, ob die Proben auf dem Fussboden oder in irgend einer Zimmerhöhe angebracht sind.

6. Auf Bacterien, wie Sporen, welche tief verborgen (in einer wollenen Decke oder Tischenschublade) sind, können die Formaldehyddämpfe nicht einwirken.

7. Die Wirkung der Dämpfe wird unsicher, wenn die Desinfectionsobjekte sehr weit entfernt sind.

8. Die Versuche V und VI zeigen, dass die Formaldehyddesinfection, da man mit ihr Eiter, Fäces, Sputum sterilisiren kann, für die Praxis von grosser Bedeutung ist.

QUELQUES TÉMOIGNAGES DE SATISFACTION

adressés

A NOS AGENTS POUR LES ÉTATS-UNIS D'AMÉRIQUE

MM. **FRIES BROS**, de New-York

MACON, Ga., March 23d, 1898.

Messrs, FRIES BROS.,

GENTLEMEN,

If I can aid you in putting the Autoclave in any stricken city I will be pleased to do so. I firmly believe that an epidemic can be wiped out with one or two in constant use during the trouble.

We have not had a case of small pox contracted in a house in the city in 15 days, all cases developing in that time are traced out into a suburban settlement as the place where the contagion was picked up. If the county would do as the city has, we would not have it here three weeks longer.

Respectfully,

CHAS. S. MCKAY, M. D.
Inspector.

558, *Oak Street*.

DEPARTEMENT OF PUBLIC SAFETY,

BUREAU OF HEALTH

Pittsburg, June 16, 1898.

FRIES BROS, NEW-YORK

GENTLEMEN,

Replying to yours of recent date, I would say that this bureau has during the past year made a number of severe tests of the Trillat autoclave for the regeneration of formaldehyde gas from formochlorol, and found it to do excellent and efficient work.

By its use we have been satisfied that practically the whole of the formaldehyde gas is driven off without loss from polymerization, and in a dry state, both of which are important factors in this method of disinfection.

We have been so favorably impressed with this apparatus, that we have purchased one, and another is about to be secured.

It is simple in construction, durable, and judging from our experience, can be operated with safety.

We have experimented with a number of other generators, but found the Trillat to be best adapted for pratical and efficient disinfection.

Very truly yours.

Crosby Gray,
Superintendent,
Bureau of Health.

BOARD OF SANITARY COMMISSIONERS.

Savannah Co. 16 June 1898.

Messrs. Fries Bros., New-York.

Gents,

After the experience of a year — and a number of trials with different apparatuses — wherever a large space must be disinfected — I consider the Trillats Autoclave the best, most reliable and durable Machine. If properly understood and carefully handled — it ought to last for years, without repairs — and in the disinfection of the fore castle the cabin and clothing and personal apparel of crews and passengers it has given entire satisfaction.

As I would like to make some experiments with the Formochlorol Cakes — here — I will be much obliged to you if you will send me a fair sample and greatly oblige.

Yours respectfully.

J. C. L. Hardy.

P. S. — So well pleased am I with the results obtained by Formaldehyde Gas in preventing the spread of Scarlet Fever. Diphtheria. Typhoid Fever and Small Pox, that hereafter I intend to use it to disinfect the hold of vessels and in ballast.

BOARD OF HEALTH
STATE OF LOUISIANA

New-Orleans, June 22, 1898.

Messrs FRIES BROS.,
92 Reade Street, New-York City.

GENTLEMEN.

The "Trillat Autoclaves" bought of you by this Board are certainly excellent machines for the disinfecting with Formaldehyde Gas.

The protection of the interior by a heavy plating of silver is an important advantage greatly increasing the durability of the generator.

Very truly yours.

G. FARRAT PATTON, M. D.
Secretary.

BOARD OF SANITARY COMMISSIONERS,

Savanah, Co. June 22, 1898.

Messrs FRIES BROS.,

GENTS.

I am very glad to have been able to place the Autoclave in the ligth it properly deserves as a means of producing pure and dry Formaldehyde Gas. — The only one that will produce germicidal effects upon the germs of certain diseases. It is claimed by the Surgeon General of the Marine Hospital Service that Formaldehyde Gas loses its properties wherever there is moisture. Evidently in the experiments made by the Officers of the Marine Hospital Service. some imperfect method of producing the Gas was used. for I have obtained as good results by its use in damp cellars as I have in the garret, in destroying the germs of Scarlet Fever. Diphtheria, Measles. etc. After an experience of one year exclusively with the Formaldehyde Gas — not a solitary case was traced to the bedding or clothing or the rooms. which had been disinfected with this gas. The 200 cakes referred to belong to the City. I wish to make experiments on my own account and therefore would be obliged if you will send me free samples.

Very respectfully yours,

J. C. L. HARDY M. D.

OFFICE OF THE HEALTH DEPARTEMENT.

Milwaukee, June 32rd 1898.

FRIES BROS.,

92 Reade St., New-York, N. Y.

GENTLEMEN,

Referring to yours of the 21st inst., I would state that we have used the Trillat Autoclave exclusively for all disinfections done by this department for the last six months. It has, during all this time, given entire satisfaction, and I can heartily recommend it as an economical, thorough and efficient instrument.

Respectfully yours.

F. M. SCHULZ,
Commissionner of Health

BIBLIOGRAPHIE DE LA FORMALDÉHYDE

TIRÉE DE LA THÈSE DE

M. le Dr **Otto HESS**, de Marburg.

1. *Abel*, « Ueber die Brauchbarkeit der von Schild angegebenen Formalinprobe zur Diagnose des Typhusbacillus ». Centralbl. f. Bact. und Parasitenk. XVI, S. 1041.
2. *Adler*, Prager medicinische Wochenschr. 1896, 39.
3. *Atleger*, The Lancet 1894, I, p. 1635.
4. *Altschul*, « Einige Mittheilungen aus der Litteratur über den Formaldehyd ». Pharm. Centralhalle, 1896, S. 185.
5. *Arndt*, Thèse de M. Hess, S. 40.
6. *Aronson*, « Ueber die antiseptischen Eigenschaften des Formaldehyds ». Berliner klin. Wochenschr., 1892, S. 749.
7. — Ueber die antiseptischen Eigenschaften des polymerisierten Formaldehyds und die innerliche Anwendung desselben. Münch. med. Wochenschr., 1894, S. 239.
8. — « Ueber eine neue Methode zur Desinfection von grösseren Räumen mittels Formalin ». Zeitschr. f. Hygiene u. Inf.-Krankheiten, XXV, 1897, S. 168.
9. *Ascoli*, « Sul potere disinfettante della formalina ». Giornale della R. Società italiana d'igiene., anno XVI, 7.
10. *Barabaschew*, Westnik Oftalmologii d. St. Petersb. med. Wochenschr., 1895, 38.
11. *Badol-Oliver*, Therap. Gazette 1895, 7.
12. *Bardet*, « Etude sur les propriétés thérapeutiques et désinfectantes de la formaldéhyde ou formol ». Bulletin général de Thérapeutique, 1895, 128, p. 293.
13. — « De la désinfection par la production sur place de vapeurs de formaldéhyde du formol ». Bull. gén. de Thér., 1895, 128, p. 400 et 129, p. 141.
14. *Béchamp-Trillat*, Bull. de la société chimique de Paris., 1892, VII, p. 466 et 468.

15. *Belt*, Medical News, 1896, 69, p. 265.
16. *Bergonzoli*, « La Formalina quale mezzo di conservazione e di indurimento di preparati anatomici ». Bulletin scient., XVI.
17. *Berlioz*, « Etude sur la formaldéhyde ». Dauphiné médic. Grenoble, 1892, XVI (Nouv. remèdes, 1892, 100).
18. *Berlioz-Trillat*, « Sur les propriétés des vapeurs du formol ou aldéhyde formique ». Comptes rendus des séances de l'Acad. des sciences, 1892, 115, p. 290.
19. *F. Blum*, « Der Formaldehyd als Antisepticum ». Münch. med. Wochenschrift, 1893. S. 601.
20. — « Der Formaldehyd als Härtungsmittel ». Zeitschr. f. wissenschaftl. Microscopie, 1893, X, S. 314.
21. — « Ueber Formaldehyd ». Kritische Studie. Münch med. Wochenschr., 1894. S. 475.
22. — « Wesen und Wert der Formolhärtung ». Anatomischer Anzeiger, 1896. XI, 23 u. 24.
23. *J. Blum*, « Formol als Conservierungsflüssigkeit ». Zoolog. Anzeiger, 1893, S. 450.
24. — « Erfahrungen mit der Formolconservierung ». Berichte der Senckenberg. Naturf. Gesellschaft. Frankfurt, 1896, S. 285.
25. *Bohl*, Münch. med. Wochenschr., 1896, S. 880.
26. *Bokorny*, « Giftwirkung des Formaldehyds auf höhere Pflanzen ». Habilit. Erlangen (Landwirtsch. Jahrbücher, XXI, S. 445).
27. *Bordoni-Uffreduzzi*, « Ueber den Wert einiger für die Desinfection geschlossener Räume vorgeschlagener gasiger Desinfectionsmittel. » (NH^3 u. Formalin), — Turin.
28. *Bosc*, « Essai de désinfection par les vapeurs de formaldéhyde au moyen des procédés de M. Trillat » (Montpellier). Annales de l'Institut Pasteur, 1896, p. 299.
29. *Brochet*, « Sur la production de l'aldéhyde formique gazeuse pure ». Comptes rend. des séances de l'Ac. d. scienc., 1896, 122, p. 201.
30. *Brusset*, « Contribution à l'étude du formol ». Thèse. Paris, 1896.
31. *Buchner-Segall*, « Ueber gasförmige antiseptische Wirkungen des Chloroform, Formaldehyd, Creolin ». Münch. med. Wochenschr., 1889, S. 341.
32. *De Buck-de Moor*, Therap. Wochenschr., 1896, 43.
33. *De Buck-Vanderlinden*, Annales et bull. Soc. méd. de Gand., 1882, sept.

34. *De Buck Vanderlinden*, « Recherches bactériologiques sur la valeur de la formaline considérée comme antiseptique ». Arch. de méd. expérimentale et d'anat. patholog., 1895, VII, p. 76.

35. *Burckhard*, « 2 Beiträge zur Kenntniss der Formalinwirkung ». Centralbl. f. Bakt. und Paras.-Kunde, XVIII, S. 257.

36. *Burghardt-Karewski*, Süddeutsche Apotheker-Zeitung, 1897, 40.

37. *Cambier-Brochet*, « Sur la production de l'aldéhyde formique gazeuse destinée à la désinfection ». Comptes rend., etc. 1894, 119, p. 607.

38. — « Appareil pour la production de l'aldéhyde formique gazeuse ». Annales de Micrographie, 1894, 10.

39. *Cambier-Brochet*, « Sur la désinfection des locaux par l'aldéhyde formique gazeuse ». Ann. de Micrographie, 1895, VII, p. 89.

40. *Cazal-Catrin*, « De la contagion par le livre ». Annales de l'Inst. Pasteur, 1895, p. 865.

41. *Cramer*, Vortrag im Heidelberger naturhist.-med. Verein.

42. *Chem. Fabrik auf Actien* (vorm. E. Schering), Prospect, März 1893, ferner : « Weitere Mittheilungen über das Formalin ». Pharmac. Zeitung, 1894, S. 206.

43. *Claisse*, Ann. des maladies des org. gen.-urin., 1896, 1, 2.

44. *Classen*, Münch. med. Wochenschr., 1896, S. 1257.

45. *Cohn*, « Wirkung des Formalins auf pflanzliche Objecte ». Botan. Centralblatt, 57, 1.

46. — « Ueber Formaldehyd und seine Wirkungen auf Bacterien ». Jahresber. der schles. Ges. f. vaterl. Kultur, 1893. Bot. Section, S. 23.

46a. *J. Cohn*, Berl. klin. Wochenschr., 1897, S. 914.

47. *Crotte*, Comptes rend. de l'Ac., 1895, 120, p. 1331.

48. *Cullen*, The Canadian Pract., 1895, p. 450.

49. *Cunningham*, « Catgutsterilisation ». Wiener med. Presse, 1895, 43.

50. *Dahrenstaedt*, Medical News, 1896, 69, p. 184.

51. *Le Dentu* (Paris). XII. internat. med. Congress Moskau 19. — 26. Aug. 1897.

52. *Dieudonné*, « Eine einfache Vorrichtung zur Erzeugung von strömenden Formaldehyddämpfen für Desinfectionszwecke ». Arb. aus dem Kais. Gesundh.-Amt XI, S. 534.

53. — Berl. tierärztl. Wschr., 1896, S. 62.

54. *Djurberg*, « Desinfectionsförsök med den Trillatska autoclaven ». Sv. Läk. Sällsk. Förhandl. 1897 (Institut hygien. de Stockholm).
55. *Doty*, « Formaldehyd als Desinficiens ». New-York med. Journal, 1897. (New-York).
56. *Draeer*, « Die im Laufe der letzten Jahre in Gebrauch gekommenen und wissenschaftlich geprüften chemischen Desinfections-mittel ». Hygien. Rundschau, VI. S. 399 u. 451.
57. *Dubief-Thoinot*, Journal de Pharmacie et Chimie, 1894, p. 505.
58. *Durig*, Anatomischer Anzeiger, 1895, X. S. 659.
59. *Eberson*, Wiener ärztl. Central-Anzeiger, 1897, IX. 26.
60. *Ehrlich*. « Eignet sich der Formaldehyd zur Conservierung von Nahrungsmitteln? » Würzburg, 1895.
61. *Elsner*, « Ueberführen von Gelatine und Eiweiss in unlösliche Modifikationen. — Conservierende Wirkung des Formaldehyd ». Dissertation Erlangen, 1895.
62. *Englund-Nils*. « Om Formaldehydem ». Stockholm, 1895.
63. *Ermengem-Sugg*, « Recherches sur la valeur de la formaline à titre de désinfectant ». Archives de pharmacodynamie, 1894, I. fasc. 2-3.
63a. *Fairbank-Grawitz*, Therap. Monatsh., 1898, 3, S. 172.
64 *Fayollat*, « Essais de désinfection par les vapeurs de formol ou aldéhyde formique ». Thèse, 1895. Lyon.
65. *Fish*. Transact. Amer. Micr. Soc. XVII. 1896, S. 319.
66. *Flemming*, Münch. med. Wochenschrift, 1896. S. 281.
67. *Flügge*, Jahresber. der schles. Ges. für vaterl. Kultur, 1893. Hyg. Stat., S. 41.
68. *Foley*, « Recherches sur la valeur comparative de quelques agents de désinfection (sublimé, aldéhyde formique, acide chlorhydrique »). Thèse. Lyon, 1895.
69. *Foote-de Garmo*, Semaine médicale, 1896. p. 482.
70. *Frank*, Deutsche Medicinal-Zeitung, 1895, S. 942.
71. — « Weitere Mittheilungen zur Cathetersterilisation ». Berliner klin. Wochenschr. 1895, S. 966.
72. — Monatshefte für pract. Dermatologie, 1896, XXIII.
73. *Frank-Lassar-Unna*, Münch. med. Wochenschr., 1895, S. 1090.
74. *Freymuth*, « Choleradesinfectionsversuche mit Formalin ». Deutsche med. Wochenschr., 1894, S. 649.
75. *Fromagel*, Annales d'Oculistique, févr. 1896.

76. *Funk*, « Sur la valeur bactériologique de la désinfection par l'autoclave formogène Trillat ». Journ. méd. de Bruxelles, 1897, 43 (Bruxelles).
77. *Gage*, Micr. Bull. Sci. News, XII, 1895, p. 4.
78. *Galibert*, « De la désinfection pratique par les vapeurs de formol ». Thèse. Montpellier, 1896.
79 *Gaylord*, Medical News, 1895, 65, No. 17.
80. *Gegner*, Ueber einige Wirkungen des Formaldehyds ». Dissert. Erlangen, 1893. (Münch med. Wschr. 1893, S. 599).
81. *Gemünd*, « Desinfectionsversuche mit der neuen Methode der Fabrik Schering : Vergasung von Formalinpastillen im Formalindesinfector ». Münch. med. Wochenschr., 1897, S. 1439.
82. *Gepner*, Centralblatt der prakt. Augenheilkunde. Juni 1894.
83. *Gerota*. Intern. Monatsschr. f. Anat. und Physiologie, 1896, XIII, S. 108.
84. *Gerson*, « Ueber Desinfection mit Formalin ». Dissertation, Würzburg, 1895.
85. *Geuther*, « Die Einwirkung von Formaldehydlsöungen auf Brandsporen ». Berichte der pharmac. Gesellschaft, V, S. 325.
86. *Gonin*. Allgem. med. Centralzeitung, 1897, 37.
87. *Gonnet-Raczowski*, Journal de Pharm. et Chimie 1892, II, p 453.
88. *Gottstein*, « Ueber Einwirkung der Dämpfe des Formaldehyds auf die Keimfähigkeit d. Pflanzensamen ». Hygienische Rundschau, IV, S. 776.
89. — « Formaldehydgelatine zur Conservierung von Nahrungsmitteln ». Deutsche med. Wochenschr., 1896, S. 669.
90. — « Conservierung der Nahrungsmittel durch Formaldehyd ». Deutsche med. Wochenschr., 1896, S. 797.
91. *Gumprecht*, Centralblatt für innere Medicin, 1896, 30.
92. *De Haan*, « Formaldehyd als des nfectie-middel ». Nederl. Tijdschr. v. Geneesk, 1896, II, 16.
93. *Halban-Hlawacek*. « Formalin und Catgutsterilisation ». Wiener klin. Wochenschr., 1896, 18.
94. *Hauser*, « Ueber Verwendung des Formalins zur Conservierung von Bacterienkulturen ». Münch. med. Wochenschr., 1893, S. 567 u. 655.
95. *Heim*, « Formalin bei Nasenkrankheiten ». Mittelfränk. Aerztetag. in Erlangen, 1897.

96. *Herrmann*, Anatomischer Anzeiger, 1893, S. 112.
97. *Heydt*, Berl. tierärztl. Wochenschr., 1896. S. 318.
98. *Hoff*, Wiener ärztl. Centralanzeiger, 1897, IX, 24.
99. *Hofmeister*, « Ueber Catgutsterilisation ». Beiträge zur klin. Chirurgie, 1896, XVI, 3.
100. *Holfert-Flinzelberg*, Pharmac. Gesellschaft. Berlin, 1894. Aprilsitzung.
101. *Horton*, « The Disinfection of books by vapor of formalin ». Medical News, 1896, 69. S. 152.
102. *Howland*. Journal of cut. and ven. dis. June, 96.
103. *Hover*, Anatomischer Anzeiger, 1894, IX. S. 236. Ergänzungsheft.
104. *Jablin-Gonnet*. Journ. de Pharm. et Chimie. 1892, II. 9.
105. *Jadassohn-Haurwitz*, Jahresber. der schles. Gesellsch. für vaterl. Cultur., 1893. Hyg. Stat. S. 41.
106. *Jäger*, Berichte der deutschen chem. Gesellschaft. XXVIII, 3.
107. *Janet-Bouffard*, Annales des maladies des org. gén.-ur., 1896. 1, 2.
108. *Jean*, Journal d'hygiène, 1892.
109. *Jess*, Berliner tierärztl. Wochenschr., 1896, 21 u. 35.
110. *Jona*, Rev. disc. med., XIV, 3 (Venise).
111. *Jores*. Centralblatt f. allgem. Pathologie u. path. Anat. VII. 4.
112. *Jorissen*, Pharm. Centralhalle, 1897, S. 898.
113. *Iwanoff*, « Zur Frage über das Eindringen der Formalindämpfe in die organischen Gewebe ». Aus d. patholog. Institut Moskau, 14, VI, 1897.
114. *Kellikot*. Transact. Amer Micr. Soc., XVII. 1896, S. 331.
115. *Kinyoun*, « Formaldehyde as a disinfecting and its pratical application ». Public health. 1897, 5.
116. *Kobert-Möller*. Görbersdorfer Veröffentlichungen. I. Stuttgart, 1898.
117. *Kopsch*. Anatomischer Anzeiger, 1896, XI, 23 u. 24.
118. *Krabbel*. Zeitschr. f. Krankenpflege, Sept. 1896.
119. *Krause*, « Zur Kenntniss des Formaldehyds und der Barthel'schen Lampe zur Erzeugung desselben. » Monatshefte für pract. Tierheilkunde, VII, 5.
120. *Krauss*, Transact. Amer. Mic. Soc., 1896, XVII, S. 315.
121. *Krell-Barthel*, s. Dieudonné 52.
122. *Krückmann*, « Eine Methode zur Herstellung bacteriologischer Museen und Conservierung von Bacterien ». Centralbl. f. Bacteriol. und Par.-kunde, XV, S. 851.

123. *Lachi.* Monit. Zool. Ital. anno V, 1895, S. 15,

124. *Lamarque.* Rev. intern. de Méd. et Chir. pract., 1895, p. 441.

125. *Lanceraux.* Presse médic., 1896, 13.

126. *Lavagna.* Bulletin médic., 1895, 48.

127. *Lavdowsky.* Anatom. Hefte, 1894, IV, S. 355.

128. *Lebbin.* Pharm. Zeitung, 1897, 2.

129. *Leber.* « Härtung der Augen in Formol ». Münch. med. Wochenschr., 1894, S. 605.

130. *Lebkowki.* Pzeglad lekarski, 1895, 20 u. 21.

131. *Lederle,* « Formaldehyd ». New-York Medical Journal, 1897 (New-York).

132. *Lehmann.* « Vorläufige Mittheilungen über die Desinfection von Kleidern, Lederwaaren, Bürsten und Scheeren mit Formaldehyd (Formalin) ». Münch med. Wochenschr, 1893, S. 597.

133. *Leroy des Barres.* Journal de Pharm. et Chimie, 1894, p. 505.

134. *Lewin.* « Ueber die desinficierenden Eigenschaften des Formaldehyds ». Deutsche med. Wochenschr., 1895, S 268.

135. *Liebreich.* « Formalin ». Therap. Monatshefte, 1893, S. 183.

136. *Loew,* « Physiologische Notizen über Formaldehyd ». Jahresberichte für Tierchemie, 1888, S. 272. (Münch. med Wochenschr., 1888, S. 412).

137. *Longard-Beaucamp,* Therap. Monatshefte, 1896, S. 557.

138. *Ludwig.* « Ueber die Eignung des Formaldehyds zur Conservierung von Nahrungsmitteln ». Gutachten des obersten Sanitätsrats. Oestreich. Sanitätswesen, 1894, 28.

139. *Marcourt.* « Etude chimique d'un nouveau composé de l'antipyrine et de l'aldéhyde formique = Formopyrine ». Désiré Joseph, 1895.

140. *Marcus,* Neurolog. Centralblatt, XIV, 1895, S. 4.

141. *Marion.* Le Scalpel, 1895, 47.

142. *Mariot,* « Contribution à l'étude du formol comme antiseptique ». Thèse. Bordeaux, 1893-94

143. *Merkel.* « Ueber die Conservierung von Bacterienculturen durch Formalin ». Münch. med. Wochenschr., 1894, S. 176.

144. — « Die Anwendung des Formalins auf Nahrungsmittel ». Forschungsberichte über angew. Chemie. (Münch. med. Wochenschr., 1895, S. 827).

145. *Miquel*, « Contribution nouvelle à l'étude de la désinfection par les vapeurs d'aldéhyde formique ». Annales de Micrographie, 1894, p. 588.

146. — « De la désinfection des poussières sèches des appartements ». Annales de Micrographie, 1894, p. 257 et p. 621; 1895, p. 60.

147. *Nebelthau*, Aerztlicher Verein zu Marburg, 1896-97.

148. *Nicolas*, Bibliographie anatomique. 1895, p. 274.

149. *Nicolle*, Norm. méd., janvier 1897 (Rouen).

150. *Niemann*, « Zur Desinfection von Wohnräumen mittels Formaldehyd. Deutsch. med. Wochenschr., 1896, S. 747 (Berlin).

151. *Noguès*, Annales des malad. des org. gén.-urin , 1896, 9.

152. *Ohlmacher*, Med. News. 1895, 16 febr.

153. *Oehmichen*, « Beiträge zur Desinfectionslehre ». Arb. aus dem Kais. Ges.-Amt, XI, 2.

154. *Olivier*, « Du formol en thérapeutique oculaire ». Thèse, Bordeaux, 1894.

155. *Oppler*, « Zur Sterilisation elastischer Catheter mittels Formaldehyddämpfen ». Münch. med. Wochenschr., 1896, S. 1068.

156. *Orloff*, Archives russes de path., de méd. et de bactériologie, 1897. III, fasc. 1 (en russe).

157. — Wratsch, 1895.

158. *Orth*, « Ueber die Verwendung des Formaldehyds im pathologischen Institut zu Göttingen » Berliner klin. Wochenschr., 1896, S. 273 u. No. 13.

159. *Parker-Floyd*, Anatomischer Anzeiger, 1895, 28. Sept.

160. *Penzig*, Zeitschr. für wissensch. Microscopie, 1895, XII, S. 115.

160a. *Petruschky* (Danzig), XVI. Congr. f. inn. Medicin in Wiesbaden.

161. *Pfuhl*, « Untersuchungen über die Verwendbarkeit des Formaldehydgases zur Desinfection grösserer Räume. (Strassburg). Zeitschr. f. Hyg. u. Inf.-Krankh. XXII, S. 339 u. XXIV, S. 288.

162. *Philipp*, « Ueber die Desinfection von Wohnräumen durch Formaldehyd ». Münch. med. Wochenschr. 1894. S. 926.

163. *Plenge*, Münch. med. Wochenschr., 1896, S. 71.

164. *Pohl*, Archiv für experimentelle Pathologie, XXXI. 4.

165. *Pottevin*, « Recherches sur le pouvoir antiseptique de l'aldéhyde formique ». Annales de l'Institut Pasteur, 1894, p. 796.

166. *Reimar*, Fortschritte der Medicin, 1894, XII, 20 u. 21.

167. *Richter*, Jahresber. d. schles. Ges. f. vaterl. Kultur, 1893. Hyg. Stat. S. 41.

168. *Rosenberg*, « Ueber Wirkungen des Formaldehyds in bisher nicht bekannten Lösungen ». Deutsche med. Wochenschr., 1896, S. 626.

169. — « Ueber die Wirkungen des Formaldehyds im Holzin und Steriform ». Zeitschr. f. Hyg. u. Inf.-Kr., XXIV, 3, S. 488.

170. — « Zur Frage der Conservierung von Nahrungsmitteln mit Formaldehyd in verschiedenen Lösungen ». Deutsche med. Wochenschr., 1896, S. 748.

171. *Roux-Trillat*, « Essais de désinfection par les vapeurs de Formaldéhyde. Annales de l'Inst. Pasteur, 1895, p. 283 (Lyon).

172. *Rühmekorf*, Deutsche tierärztl. Wochenschr., 1896, 32.

173. *Saalfeld*, Therap. Monatshefte, 1896, S. 634.

174. *Sadebeck*, voyez Cohn 45.

175. *Saller*. British. med. Journal, 1896, S. 1863.

176. *Sanarelli*. Ann. de l'Inst. Pasteur, 1897, October.

177. *Schab*. « Beitrag zur Desinfection von Leihbibliotheksbüchern ». Centralbl. f. Bact. u. Par.-k., XXI, S. 141.

178. *Schäffer*, Festschr. zur Feier d. 50j. Jub. d. Ges. f. Geburtsh. und Gyn. in Berlin. Vienne, 1894.

179. *Schepilewski*, « Formaldehyd als Desinfectionsmittel ». Dissertation. St.-Petersbourg, 1895.

180. *Schild*, « Formalin zur Diagnose des Typhusbacillus ». Centralbl. für Bact. u. Parask., XIV, S, 717.

181. — « Eine Typhusepidemie mit nachweisbarer Entstehungsursache und die Diagnose des Typhusbacillus mittels Formalin ». Zeitschr. f. Hyg. u. Inf.-Krankh., XVI, S. 378.

182. *Schleich*, Therap. Monatshefte, 1896, S. 608.

183. *Schmidt*, « Ueber die desodorierende Wirkung des Formaldehyd ». Pharm. Zeitung, 1894, 6.

184. *Schmitt*. Revue médicale de l'Est, 1893, 15 mai.

185. *Schuemacher*. Deutsche tierärztl. Wochenschr., 1896, 36 u. 37.

186. *Seitz*, « Verhalten von Formalin gegen Eiweisskörper, Gelatine, Peptone etc. » Dissertation. Erlangen, 1895.

187. *Shewan.* « Formaldehyde or formol as a disinfectant for India ». Indian Med. Gaz., 1895. 9.

188. *Slater-Rideal.* « On formaldehyde as an Antiseptic ». The Lancet. 1894. I, p. 1004.

189. *Solger*, Untersuch. zur Naturlehre des Menschen. XV, 5 u. 6.

190. *Stahl*, « Formalin ». Pharmac. Zeitung. 1893. S. 173.

191. *Stavenhagen-Hinman.* Semaine médicale. 1894. 65.

192. *Stephenson-Davidson.* Brit. med. Journal, 1896, 18 u. 25. Januar.

193. *Strauss*, voyez Valude 211.

194. *Strebl*, « Beiträge zur Desinfectionskraft des Formalins ». Centralbl. f. Bact. u. Par.-Kunde, XIX, S. 785.

195. *Strong*, Anatom. Anzeiger, 1895, X. S. 494.

196. *Strüver.* « Bestimmung des für Desinfectionszwecke mittels Lampen oder durch Formalin resp. Holzin erzeugten Formaldehyd ». Zeitschr. f. Hyg. u. Inf.-Kr. XXV. S. 357.

197. *Thomalla*, Therap. Monatshefte, 1897 Januar.

198. *Thomson.* « Formaldehyd, sein Nachweis in der Milch und dessen Wert als Conservierungsmittel ». Chem. News. 1895. 71. p. 247.

199. *Tiburtius-Wagenheuser-Wagner.* Berlin. tierärztl. Wochenschr., 1896, 35.

200. *Tollens*, « Ueber eine Lampe zur Herstellung von Formaldehyd ». Ber. der deutsch. chem. Gesellsch., XXVIII. 3.

201. *Trétrôp*, Journal médical de Bruxelles, I. 7.

202. *Trillat*, Bulletin de la Société chimique. 1890.

203. — « Sur les propriétés antiseptiques de la formaldéhyde ». Compt. rend., etc., 1892, 114. p. 1278.

204. — « Analyses qualitive et quantitive de la formaldéhyde ». Compt. rend., etc., 1883. 116. p. 891.

205. — « Propriétés antiseptiques des vapeurs de formol (ou aldehyde formique) ». Compt. rend., etc., 1894. 119. p. 563.

206. — « Expériences de désinfection en grand par les vapeurs d'aldéhyde formique ou formol ». Revue d'hygiène, 1895. p. 714, s. auch Ber. der deutsch. chem. Gesellsch., XXVIII, 4.

207. *Trillat*, « Transformation de la solution de formaldéhyde en vapeurs pour la désinfection ». Comptes rendus, 1896. 122.

208. *Trillat*, « La Formaldéhyde et ses applications pour la désinfection des locaux contaminés ». Paris (A. Carré édit.), 1896.

209. — Norm. médic., 1897, 1. Juni (Lille).

210. — *Vaillard-Lémoine*, « Sur la désinfection par les vapeurs de formaldéhyde ». Ann. de l'Inst. Pasteur, 1896, p. 481 (Val-de-Grâce).

211. *Valude-Dubief-Amblard*, Semaine médic., 1893, p. 240, voir aussi Annales d'oculistique 1893, juillet.

212. *Vollmer*, « Ueber Formalin-Catgut ». Zeitschr. f. Geb.-hülfe u. Gyn., 1895, 2.

213. *Vollmer-Kossmann*, « Ueber Formalin-Catgut ». Centralbl. f. Gyn., 1895, 46.

214. *Walter*, « Zur Bedeutung des Formalins, resp. Formaldehyds als Desinfectionsmittel ». Zeitschr. f. Hyg. und Inf.-Kr., XXI, S. 421.

215. — « Weitere Untersuchungen über Formaldehyd als Desinfectionsmittel ». Zeitschr. f. Hyg. u. Inf.-Krankh., XXVI, S. 454.

215a *Walther Schlossmann*, Berl. med. Gesellschaft, 9. März 1898.

216. *Weigle-Merkel*, « Einwirkung des Formalins auf Nahrungsmittel ». Apotheker-Zeitung, 1895, S. 363.

217. *Wernicke*, voir thèse de Mr. Hess, pages 24, 27, 72.

218. *Weyland-Sahli*, Deutsche med. Wochenschr., 1897, 1.

219 *Wieber*, « Desinfection durch Formaldehyddämpfe ». Zeitschr. f. Medic.-Beamte, 1897, 2.

220. *V. Winckel*, Allgem. medic. Centralzeitung, 1894, Wien, S. 66.

221. *Wortmann-Bruns*, Botanische Zeitung, 1894, 5.

222. *Zuntz-Aronson*, voyez Aronson 6.

223. *Zwiback*, « La formaline comme désinfectant ». Comptes rendus de la Soc. méd. du Caucase, 1894.

AVIS IMPORTANT

Le liquide employé par le Procédé Trillat pour l'obtention des vapeurs de formaldéhyde est appelé « **Formochlorol** ».

Le **Formochlorol** *est un liquide de composition spéciale, c'est-à-dire de la solution de formaldéhyde spécialement préparée par nous, additionnée de chlorure de calcium dans des proportions déterminées.*

Nous ne saurions trop attirer l'attention du public sur le fait que, pour obtenir en pratique une désinfection irréprochable, il est indispensable d'employer **notre Formochlorol**; *de nombreuses expériences ont prouvé que seul notre produit fournit des vapeurs sèches de formaldéhyde et en quantités suffisantes.*

Nous informons, en outre, notre clientèle que le mot « **Formochlorol** », *ayant été déposé par nous, est notre propriété.*

Pour la facilité du transport, nous livrons pour l'exportation notre **Formochlorol** *solidifié, en pains. Il a exactement les mêmes propriétés que le produit liquide, et son emploi n'est pas plus compliqué.*

CONDITIONS SPÉCIALES POUR CONSOMMATEURS IMPORTANTS

AUTOCLAVE TRILLAT

NOMS

De quelques Administrations, Villes, Communes, Hôpitaux, etc.

AYANT ADOPTÉ LE PROCÉDÉ TRILLAT

Grand Duché du Luxembourg.
Ministère de la guerre de Belgique.

Villes de : Marseille.
— Toulouse.
— Tarascon.

Villes de : le Tréport.
— Laigle.
— Epinal.
— Villeurbanne (près Lyon).
— Hazebrouck.
— Valenciennes.
— Sofia (Bulgarie).
— Phillippopoli (Bulgarie)
— Trieste.

Hospices de : Mustapha-Alger.
— Douera.
— Lyon-Croix-Rousse.
— Mâcon.
— Moulins.
— Sainte-Marie, à Nancy.
— Enfants Assistés (à Paris).
— la Pitié (à Paris).
— la Conception (à Marseille).

Hospices de Chambéry.

Asile départemental d'aliénés du Rhône, à Bron.

Hòpital International à Paris.

Service d'Hygiène de Porto (Portugal).

Institut bactériologique de Dantzig.

Sanatorium de Freydey-s-Leysin (Suisse).
— Montana s-Sierre (Suisse).

Départements : des Bouches-du-Rhône.
— de la Manche.
— de la Lozère.

Cie des chemins de fer de Vladi-Caucase (Russie).

Cie des chemins de fer du Nord, à Paris.

Cie des chemins de fer de Ceinture, à Paris.

Cie Générale des Eaux de Paris.

Usines Carlo Pacchetti et Co, à Milan, pour la désinfection des crins.

ÉTATS-UNIS D'AMÉRIQUE

Les villes de : Pittsburg.
— Savannah.
— Milwaukee.
— Mâcon.

etc.

DESCRIPTION

de

L'APPAREIL TRILLAT

Emballage de l'appareil.

Une caisse pour le transport contient l'appareil; une seconde caisse est divisée en plusieurs compartiments pour loger les accessoires, la lampe, de l'ouate pour bourrer les fenêtres, etc., un bidon en fer-blanc pour le pétrole, et un bidon en cuivre pour le formochlorol, un flacon d'alcool (pour allumer la lampe), des clefs à vis et deux poignées pour l'autoclave, et une paire de lunettes.

Autoclave.

L'appareil se compose d'un autoclave en cuivre — argenté — d'une capacité d'environ cinq litres[1] : des boulons à écrou sont disposés tout le tour pour fixer le couvercle, lequel repose sur un coussinet circulaire en caoutchouc qui en assure la fermeture. Au couvercle de l'autoclave sont fixés un manomètre, un tube pour loger le thermomètre et le tube de dégagement; ce tube, d'un très petit diamètre, est mis en communication avec l'intérieur de l'autoclave par un robinet à vis. Avant de commencer l'opération, il faut toujours s'assurer du bon fonctionnement de ce tube et ne le visser qu'après l'avoir introduit par le trou de la serrure ou, à défaut, par un petit trou fait au foret, pratiqué avec précaution dans un angle ou un joint de moulure. Le tube doit dépasser la porte, à l'intérieur, d'environ 10 à 15 centimètres.

[1] Il se construit des appareils plus grands à l'usage des hôpitaux, collèges, etc.; ils peuvent également servir à la désinfection de maisons entières, navires, etc.

Formochlorol.

Il convient de maintenir la provision de formochlorol dans un endroit à température moyenne. Avant de verser dans l'autoclave, agiter le récipient afin de mélanger les matières qui ont déposé : le dépôt n'est pas une impureté, mais au contraire une des parties essentielles de la solution.

Marche.

Préparation de l'appareil. — Le formochlorol est versé dans l'autoclave, qui ne doit pas être rempli plus des trois quarts, soit environ trois litres et demi au maximum pour le petit appareil ; le minimum ne doit *pas être inférieur à un litre*, pour ne pas détériorer l'autoclave.

On compte un litre pour 100 à 150 mètres cubes.

Pour fixer le couvercle, il faut serrer peu à peu les écrous, en prenant les vis-à-vis et en plusieurs fois, pour ne pas refouler tout d'un côté le coussinet de caoutchouc. Le couvercle doit rester horizontal.

L'appareil, étant chargé et fermé, est mis en place à 10 ou 15 centimètres devant la porte de l'appartement et à une hauteur convenable pour que le robinet soit au niveau de la serrure ; on met alors le tube de dégagement en introduisant son extrémité par le trou de la serrure et en vissant bien l'autre bout, le thermomètre est mis également à sa place.

On ferme d'abord le robinet de dégagement et on allume la lampe en mettant le feu à l'alcool versé préalablement dans le réservoir circulaire qui entoure la tige centrale de la lampe.

Pendant que la lampe doit fonctionner, la vis à côté de la pompe reste fermée.

Quand l'alcool est à peu près brûlé, on donne trois ou quatre coups de pompe et on obtient de cette matière une forte flamme bleuâtre qu'on peut forcer au besoin par un coup de pompe et diminuer en ouvrant un peu la vis à côté de la pompe. Pour éteindre, on ouvre cette vis complètement (voir la notice jointe au fourneau).

Quand l'appareil est un peu chaud, on resserre les écrous pour éviter les fuites qui pourraient se produire.

Dès que le manomètre indique une pression de trois atmosphères et demi, on ouvre le robinet de dégagement avec précaution, peu à peu.

Si le robinet était ouvert brusquement et trop largement, le liquide intérieur serait projeté au dehors de l'autoclave par le tube, ce qui causerait de graves désagréments.

On reconnaît que l'ouverture du robinet est bien réglée par la baisse très lente de la pression indiquée par le manomètre.

Si le robinet n'était pas ouvert du tout, le tube de dégagement resterait froid. On ouvre donc avec grande précaution et, quand on constate que le tube est chaud, on se règle sur les indications du thermomètre et de la pression, comme il sera dit plus loin.

La pression diminue lentement, la température monte. La pression doit être le plus possible maintenue entre deux et trois atmosphères.

Pour un local cubant 300 mètres, et l'autoclave étant chargé de 2 litres de formochlorol, l'opération peut être considérée comme suffisante après une heure et demie de vaporisation, pour la charge maximum de 3 litres et demi, deux heures de marche suffisent ordinairement, mais il faut toujours arrêter l'opération *lorsque le thermomètre est à 135 degrés.*

Il est préférable de laisser le plus possible séjourner les vapeurs de formol dans l'appartement, trois à quatre heures de contact constituent une bonne désinfection. On peut alors aérer. Pour ce faire, entrer rapidement et sans respirer pour ouvrir les fenêtres. Une demi-heure après, on peut, sans trop d'inconvénients, pénétrer dans l'appartement; on peut encore combattre les odeurs du formol en répandant un peu d'ammoniaque dans des assiettes.

Après refroidissement de l'appareil, on retire le thermomètre de sa gaine; on ouvre et on vide le résidu qui doit être liquide; le vase de l'autoclave est nettoyé à l'eau et essuyé avec un linge

RECAPITULATION

1° Inspecter l'appartement et prendre les précautions nécessaires pour que les vapeurs de formaldéhyde ne se dispersent pas au dehors.

2° Charger l'autoclave de la quantité de formochlorol correspondant à la capacité du local; fermer; mettre l'appareil en place; inspecter le tube et le visser; fermer le robinet.

3° Allumer la lampe.

4° Resserrer les écrous s'il y a lieu.

5° Ouvrir lentement et très peu à la fois le robinet quand la pression est à trois atmosphères et demi. Sans cela un jet de liquide pourrait se produire par le tube de dégagement et causer de graves inconvénients, comme il est expliqué plus haut.

6° Faire jouer la pompe pour maintenir le plus possible la pression entre trois et quatre atmosphères.

7° Arrêter l'opération quand la pression est au-dessous de deux atmosphères et le thermomètre à 135 degrés.

8° Si l'aération doit avoir lieu peu de temps après l'opération, prendre les précautions nécessaires à cause de la respiration.

LISTE DES AUTEURS

(Voir aussi table bibliographique.)

TABLE DES MATIÈRES

Lyon — Imprimerie A. REY, 4, rue Gentil. — 20549

www.ingramcontent.com/pod-product-compliance
Ingram Content Group UK Ltd.
Pitfield, Milton Keynes, MK11 3LW, UK
UKHW020941180726
13838UKWH00003B/1061

9 782329 612966